廣田尚久
Hirota Takahisa
[著]

若手法律家のための

和解のコツ

学陽書房

はじめに

　たいていの弁護士は、「自分は和解がうまい」と思っているだろう。私も、たいていの弁護士は和解が上手だと思う。友人の弁護士たちから和解の成功譚を聞いたり、相手方代理人の弁護士と渡り合ったりすると、自分の立ち位置を忘れ、うまいものだなと感心することも、一度や二度ではない。法科大学院制度が発足して、大量に司法試験の合格者が生まれた後では、法曹の質の低下を憂いる声をときどき耳にするが、こと和解に関する限りは、ロースクール出身の若手弁護士も、なかなか和解がうまい。私は、もっぱら和解で紛争を解決しようと思っているから、相手方の代理人になった弁護士とは、相対で交渉をしたり、調停の席で話し合いをしたり、というやりとりが仕事の大部分を占める。そういう仕事を続けていると、和解の技量にすぐれている若手弁護士に巡り合うチャンスが多いから、ロースクール制度の発足によって大量の弁護士が生まれたために質が低下したという言説は信じていない。

　いったん弁護士が互いに双方の代理人となって紛争に取り組む以上、対峙する弁護士の年齢差や経験差には関係なく、立場は対等である。ここが弁護士という職業の最もよいところだと思っているが、目の前にあらわれた相手方の代理人弁護士が、若々しく、スカッとしているのを見るのは気持ちがよい。そして、何度か話し合いを重ねているうちに、第一印象が当たっていると確信できることがよくある。そういうとき、うっかり「おぬし、できるな」と言いたくなるが、年長の私が口に出して言うのはいかにも尊大であるから慎むべきだろう。そう考えて、つい最近も立て続けにそのような若手弁護士を相手にして和解をやり遂げたにもかかわらず、この言葉をかけることができなくて残念な思いをしている。

　では、私自身は和解がうまいのだろうか。率直に言うならば、私も主観的には和解がうまいと思っている。

　しかし、本当にうまいのだろうか。ロースクール出たての若手弁護士でさえあんなに上手なのだから、中堅あるいはベテランの弁護士はもっとう

まいに違いない。だとすれば、私の腕前も、実際のところは人並み程度なのだろう。

　たいていの弁護士が自分でうまいと思っている根拠は、和解の席で相手方やその代理人弁護士の表情を的確に読み取ったり、絶妙なタイミングで名案が閃いたり、その他言葉で表現することが難しい事象をとらえることによって、めざましい和解をやり遂げた経験があるからだろう。それはノウハウという単語ではとても言いあらわせないような微妙な言葉の綾に対する読み、心理の動きの追跡、感動や喜び等々の宝物に違いない。しかし、それらの宝物が言葉に表現されて世間に流通することは滅多にない。したがって、和解をうまくやり遂げたプロセスは、多くの弁護士の胸に収められたまま、いつしか忘れ去られてしまう。しかしそれは、いかにももったいないことではないだろうか。

　もし、言葉にならないような和解のプロセスを、それでもあえて言葉にすることによって伝えることができるならば、それを参考にした人がよりよい和解をしてくれるかもしれない。

　そう思いながら、私は「和解」に関していろいろものを書いてきたが、この度、学陽書房から、若手弁護士をはじめとする法律家のために和解のコツを書いてみませんかというお話をいただいた。

　「先ず隗より始めよ」という故事がある。どうすれば賢者を招聘することができるかという燕の昭王に問われた郭隗は、「まず私のような凡人を優遇することから始めてください。そうすればあの隗のような人間でさえ優遇されるという評判が立って、もっとすぐれた人材が集まってくるでしょう」と言ったという。

　それならば、人並みの腕前しかない私が和解のコツを書けば、もっとすぐれた腕前を持つ弁護士やさまざまな分野で活躍している人々から、すばらしい和解のコツやあざやかな和解プロセスの物語が集まるかもしれない。そして、世の中に和解が広まり、どこもかしこもすぐれた和解が満ち溢れてくれば、もって瞑すべしである。それを念じながら、とりあえず身近なところから和解のコツにとりかかることにしよう。

若手法律家のための
和解のコツ
目次

序章　紛争解決「和解」のすすめ

- **1** 紛争解決には和解が断然優れている!……………………010
- **2** 事例　まずは小手試し。実際の事例を解いてみよう……013
  - 1…設問（共有物分割請求事件の事例）……………………013
  - 2…若干のコメント ……………………………………………019
  - 3…ヒント──すなわち和解のコツ …………………………023
  - 4…設問の解答と調停の内容 …………………………………028

第1章　和解とは何か

- **1** 和解は妥協ではない ……………………………………………040
- **2** 和解とは何か──和解の論理構造 …………………………043
  - 1…和解の利点と特徴 …………………………………………043
  - 2…和解を解明する方法 ………………………………………046
- **3** 訴訟の論理構造と和解の論理構造 …………………………049
  - 1…「100対ゼロの勝ち負け」と「権利に相応する解決」…050
  - 2…「出口が原則1つ」と「多様な出口」……………………053
  - 3…「請求原因、抗弁…という仕切り」と
    「仕切りの壁がない」………………………………………056

005

4…「要件事実主義」と「事情にも配慮」……057
5…「三段論法」と「三段論法にはこだわらない」……057
6…「因果律」と「共時性の原理」……058
7…「自由意思」と「無意識や潜在意識」……061
8…「請求権」と「請求権がなくてもよい」……066
9…訴訟と和解の対比、まとめ……067

第2章 紛争解決規範を使って和解する

❶ 事例の共有物分割請求事件は何を使って解決したのか
……070
1…実定法からの示唆……070
2…手続法からの示唆……071
3…公平性という条理……072
4…ヴェニスの商人の名判官の判断……073
5…身につけた和解のコツ……074

❷ 紛争解決規範とは何か……075
1…法の機能……075
2…法が持つ裁判規範とは別の機能……077
3…紛争解決規範としての機能……078
4…紛争解決規範の定義……079

❸ さまざまな紛争解決規範……081
1…成文法……082
2…判例……084
3…裁判上の和解、調停、仲裁の解決例……087
4…学説……090
5…諸科学の成果……091

6…慣習 …………………………………………………… 094
　　7…道徳 …………………………………………………… 095
　　8…自然法 ………………………………………………… 099
　　9…生きた法 ……………………………………………… 100
　　10…経済的合理性 ……………………………………… 101
　　11…ゲーム理論 ………………………………………… 106
　　12…新しく生まれる規範、新たに発見される規範、
　　　　新たに創造される規範 …………………………… 112

第3章　和解に取り組む前の心構え

❶ 紛争当事者の脳内状態 ……………………………… 122
❷ 当事者が持っている条件 …………………………… 125
　　1…当事者が持っている諸条件を押さえることの重要性
　　　 ………………………………………………………… 125
　　2…内的条件（生物的条件） …………………………… 126
　　3…時間的条件（歴史的条件） ………………………… 127
　　4…空間的条件（社会的条件） ………………………… 129
❸ 言葉という道具 ……………………………………… 132
　　1…言葉と真偽 …………………………………………… 132
　　2…言葉の中の評価的意味 ……………………………… 133
　　3…説得力 ………………………………………………… 134

第4章　和解を成功させる方法

❶ 和解の技術について ………………………………… 138
❷ 和解をやり遂げる方法 ……………………………… 141

1…人の話をよく聞くこと………………………………………141
　2…相手に言葉を届ける…………………………………………144
　3…言葉をミクロ化、ニュートラル化する……………………148
　4…確かな情報の収集……………………………………………154
　5…利害を計量する………………………………………………160
　6…ウィン・ウィンの和解………………………………………169
　7…事件の核心をつかむ…………………………………………178
　8…感動的な方法…………………………………………………181
　9…よい解決案を発見する………………………………………183

第5章　弁護士は誰のために、何のために仕事をするのか

❶ 弁護士の立ち位置………………………………………………186
❷ 世のため人のため、自分のため………………………………188
❸ 共有物分割請求事件の後日譚…………………………………192

序章

紛争解決「和解」のすすめ

1 紛争解決には 和解が断然優れている!

紛争当事者は弁護士に解決を期待する

　紛争に苦しんでいる当事者は、いったいどのような状態に陥っているのだろうか。それは、ちょうど病気に罹った病人のような状態であると言ってよいだろう。

　すなわち、病気という障害物を抱え込んでしまっている病人のように、当事者は紛争という障害物を抱え込んでしまったのである。

　そのことは、病気に罹る前の健康な状態と病気を抱え込んでしまった後の状態を考えてみればよく分かる。病人は、一刻も早くその病気という障害物を取り除いて健康な身体に戻りたいと考える。紛争に苦しんでいる当事者もまた、一刻も早くその紛争という障害物を取り除いて紛争のない状態に戻りたいと考えるのである。

　紛争も、その当事者にとって大きなものもそれほどでもない小さなものもある。病気で言えば、膵臓に癌ができてしまった病人もあれば、左上腕部を骨折した病人もいるのと同じである。前者であれば、生活のほとんどを闘病に費やさなければならないだけでなく、命を落とす危険に脅かされる。しかし後者であれば、制限されるものの日常生活をこなすことはでき、命を落とす心配はない。同じように、当事者が抱え込んでいる紛争も、その紛争を克服しなければ致命的な生活破壊、企業倒産に陥ってしまうようなものもあれば、制限されつつも日常生活や企業活動を続けることができるものもある。

　ちょっとした風邪程度であれば、人は、いちいち病院に行くことはないだろう。薬局で市販の薬を買うなどして、自分の力で治すことも多い。

　しかし、自分で治すのではなく、病院に行こうと決めた以上、その病人

は、医師に病気を治してもらいたいのである。病気が重篤であるか重篤でないかにかかわらず、病気という障害物を、プロの医師に取り除いてほしいと切実に思っている。一度プロの医師の診断と治療を受けた以上は、医師に病気を治してほしいのである。すなわち、病気という障害物を取り除いてほしいという一点においては、重篤であるか重篤でないかは関係がない。医師に対する期待は、病気を治すという一点に絞られているのである。

弁護士のところに行く人も、これと同じで、紛争という障害物を取り除いてほしいという気持ちで弁護士を訪ねるのである。つまり、病気という障害物を取り除くプロとしての医師を訪ねると同様に、紛争という障害物を取り除くプロとしての弁護士を訪ねるのである。

その紛争が当事者にとって重大であるかそれほどでもないかにかかわらず、当事者が弁護士に紛争の解決を依頼する以上、紛争という障害物をプロの弁護士に取り除いてほしいと切実に望んでいるのである。

一気に紛争を解決してほしい依頼者に応えるためには

本書は、この紛争という障害物をプロである弁護士が取り除くためのコツをテーマに、これまでの研究と経験を踏まえ解説するものである。

なお、予防医学があるのと同様に、紛争が起こる前にアドバイスをしたり、手を打ったりする予防法学というものがある。しかし、この本が「和解のコツ」をテーマにする以上、和解を必要とする先行事実としての紛争が存在することが前提となるので、予防法学には触れないことにさせていただきたい。すなわちこの本では、「紛争が起こった後で和解をするコツ」というところに焦点を当てて話をすすめることにする。

では、当事者は、弁護士にどのように紛争を解決してほしいのだろうか。

勝つか負けるか分からない訴訟を長々と続けてほしいのだろうか。当事者はハラハラしながら弁護士の手並みを拝見させられているのではないだろうか。この弁護士を信頼していいものだろうかと思っているのではないだろうか。

それやこれやがあるものの、貴職のクライアントは、要するに一気に紛争を解決してほしい、早くこの障害物を取り除いてほしいと思っているの

ではないだろうか。

　このようなクライアントの気持ちに応えるために、貴職はどのように紛争を解決しますか。訴訟をしますか。それとも、訴訟をしなくても紛争を解決することができるのならば、訴訟をせずに和解によって解決した方が良いと思いませんか。そう問われたときに貴職は気づくはずです。一気に障害物を取り除いてほしいというクライアントの期待に応えるのは、訴訟ではなく「和解」である、と。

　すなわち、和解が断然優れている！と。

　本書では、クライアントの期待に応えるために身につけるべき紛争解決の心得と勘所を「和解のための41のコツ」として示し、解説する。これを読めばなぜ紛争解決には和解が優れているのか。それが理解でき、実践できるはずである。

　では、これから設問を解くという形で、私が経験した紛争事例をひとつやってみよう。貴職ならこれをどう解決されるだろうか。

事例 2 まずは小手試し。実際の事例を解いてみよう

1…設問（共有物分割請求事件の事例）

所有不動産の概要

姉と妹は、次のような不動産を共有している（持分はすべて各2分の1）。
① 　K市内にある宅地及び借地権（後記土地図面（一）のとおり）は、併せて1530㎡である（以下、これを「K地」という）。
　　そのうち、ア、イ、コ、シ、ス、アの各点を結ぶ線で囲まれる部分Ⓐ1236㎡は、借地部分の土地所有者（以下、「地主」という）との間に境界の争いがない姉妹の土地である。このⒶは、1筆の土地である。
　　また、イ、ウ、エ、オ、カ、キ、ク、ケ、コ、サ、イの各点を結ぶ線で囲まれる部分Ⓑ254㎡は、借地部分であることを姉妹も地主も認めていて、境界の争いがない土地である。このⒷは、1筆の土地である。
　　しかし、イ、サ、コ、イの各点を結ぶ線で囲まれる部分Ⓒ40㎡は、姉妹はその共有の土地であると主張し、地主は借地部分であると主張しているから、境界の争いがある土地である。すなわち、共有の土地と借地との境界については、姉妹はイ、サ、コの各点を結ぶ線であると主張し、地主はイ、コの各点を結ぶ線であると主張している。したがってⒸは、姉妹はⒶと併せて1筆の土地だと言い、地主はⒷと併せて1筆の土地だと言う。
　　なお、K地上には、Ⓐの上に後記建物図面の建物（屋敷）が存すること、借地部分があることを除いて、制限する物権や権利等はない。
　　K地の全体をひとまとめに評価すると、所有権の価格は、㎡当たり

30万円である。そして、借地権の評価は、所有権の価格の60％である。
② 　K地の上には、後記建物図面のとおりの古い屋敷が建っている。その位置は、後記土地図面（一）に示すとおりである。この建物も姉妹の共有であるが、後記建物図面のア、イ、ウ、エ、アの各点を結ぶ線で囲まれる部分は姉が、オ、カ、キ、ク、オの各点を結ぶ線で囲まれる部分は妹がそれぞれ使用しており、その他の部分は共同で使用している。2階部分はほとんど使用されておらず、専ら鼠の運動場になっている。
③ 　Y市内にある宅地の面積は、1830㎡である（後記土地図面（二）のとおり。以下、これを「Y地」という）。Y地の上には建物はなく、制限する物権もない更地である。このY地は1筆の土地である。Y地をひとまとめに評価すると、所有権の価格は、㎡当たり22万円である。

紛争の当事者

　上記の姉妹の共有財産は、父親の相続の際に、遺産分割の結果取得したものである。姉は72歳、妹は60歳。ともに独身で、子はいない。身内には、56歳の弟とその2人の子、死亡した兄の子3人がいる。
　妹は、これらの財産について共有物分割をして、自由に利用したり、必要なときに処分できるようにしたいと念願している。古い屋敷は取り壊して建て替えたいと考えている。元気なうちに新しい家に住み、趣味の草木染めなどをして、楽しく暮らしたいと思っている。
　しかし姉は、父親の遺産をそのままの形で弟に残したいと言い、共有物分割には反対している。入院ばかりして、この屋敷に住むことの少ない姉だからそんなことが言えるのだけれども、自分は蛇や鼠と一緒に住み続けることにはもう耐えられなくなった、と妹は言う。

事件の経緯

　さて、妹は、ある弁護士に依頼して、K地もY地も2分することを求めて共有物分割の訴えを提起した。
　しかし姉の代理人弁護士は、Ⓐ地上に姉妹が共有する屋敷が建っており、

また、姉妹の土地と借地との境界に争いがあるため、これらの問題が解決しない限り分割はできないと主張したので、訴訟は思うように進展しなかった。
　業を煮やした妹は、その弁護士を解任して別の弁護士に依頼した。
　２番目の弁護士は、訴えを変更して、K地を一括して競売に付し、その代金を配当することを求めた。しかし妹は、K地を競売して金額を配分せよという主張そのものが気に入らない。その後事件は調停に廻されて、調停の席で弁護士があれこれ分配案を出したが、妹はいずれの案にも賛成できない。だいいち自分に相談もなく、調停の場でいろいろな提案をすることも不本意である。そこでまた、弁護士を解任してしまった。
　そして、３番目の弁護士を探し当て、その法律事務所を訪問した。
　訪問を受けた弁護士が貴職だとしたら、貴職は、どのような案を携えて次回の調停期日に臨みますか？

●図1　土地図面（一）

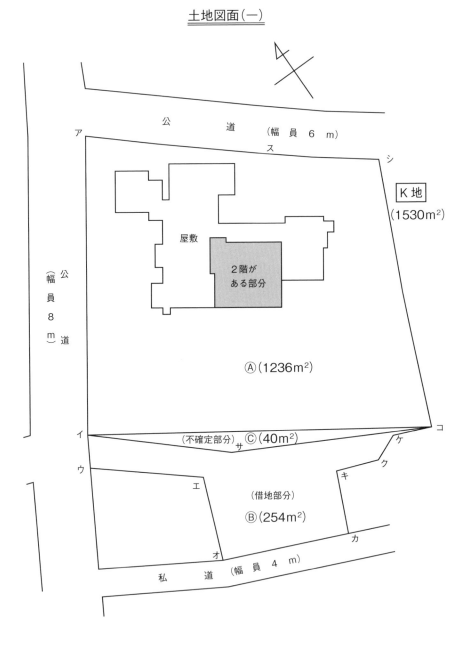

● 図2　建物図面

建物図面

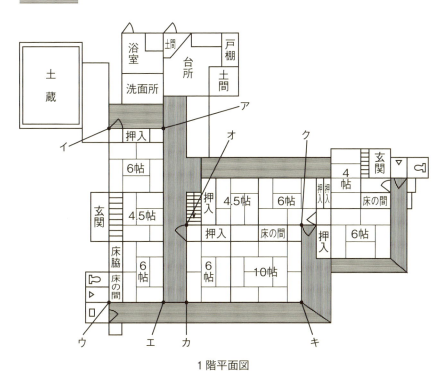

1階平面図

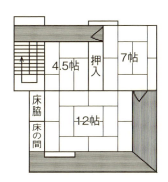

2階平面図

●図3　土地図面(二)

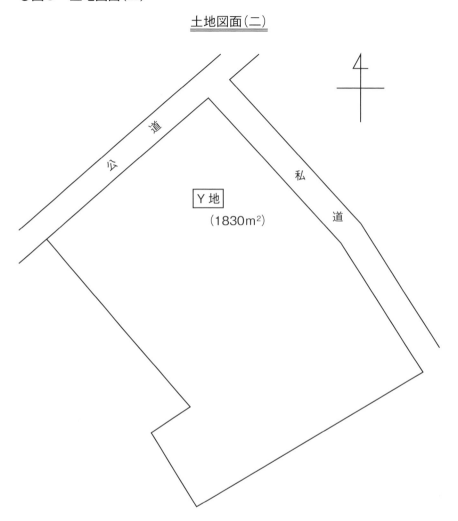

2…若干のコメント

100点満点の解決ができる事件かどうか

　この設問は難しいだろうか。

　この設問の中の「3番目の弁護士」というのは、実は私自身であるが、私には、事案の説明を聞き終わるのと同時に解決策が見えた。それは単純に「和解のコツ」によって導かれたものであって、何も特殊な能力ではない。

　しかし、この事例をテキストにして、そうそうたる民事訴訟法学者、法社会学者、裁判官が参加した「交渉と法研究会」のメンバーで模擬調停をしたところ、上手い調停案が出てこずに不調になってしまった。また私は、法政大学の法科大学院の民事基礎演習で教材にしたが、まともな解答をした学生はほとんどいなかった。したがって、この事例は、相当難易度が高いと考えてよいだろう。

　この設問について「何だ、やさしいや」と思って瞬時に解答した人は、これから先を読む必要はない。その人は、私と同じ「和解のコツ」を知っているからである。

　そうではない人はもう少しつき合ってほしい。

　この事例には大きな特徴がある。

　一般に紛争の解決方法は、複数ある。その複数の解決のうちで、よい解決をすればクライアントが満足し、信頼が高まる。多くの事件は、複数ある解決方法はいずれも程度の差であるが、しかし、事件によっては、その複数ある解決方法の間で、格段の差がある場合がある。そのような事件では、100点満点の解決が1つあって、その1つでなければ、あとは20点とか、30点などの、言わば目も当てられない解決となる。

　クライアントは自分では解決ができなくても、弁護士が提示する解決案がよいかどうかはすぐに分かる。料理をつくることができない子どもでも、その料理が美味いか不味いかは分かるのと同じである。どんなに有名な

シェフがつくった料理でも、子どもが不味いと言えば、ほんとうに不味いのである。
　いつも先生と言われている弁護士は、とかく素人はそんな良し悪しは分からないだろうと思いがちであるが、それは裸の王様というものである。弁護士の腕の良し悪し、解決案の良し悪しは、素人でも分かる。
　この事例のように、100点満点の解決がある事件であるならば、その100点満点の解決案をドンとクライアントに提示しなければならない。そうでなければ、クライアントは満足しない。
　すなわち、弁護士はまず、100点満点の解決がある事件であるかどうかを見抜く必要がある。この事件は、まさしくそのような特徴を持った事件なのである。
　では、設問にあるように、２番目の弁護士が提示したK地を一括して競売に付すという案はどうだろうか。妹は、ただちにこれが100点満点の解決でないということに気づいた。
　次に、その弁護士がその後の調停の席であれこれ分配案を出したと設問にあるが、その図面を見てみよう。すなわち、A案、B案のようにK地を分割し、その評価額の差をY地で調整するという案である。
　どうだろうか。この２つの案が気に入らなくて、弁護士を解任してしまった妹を非難できるだろうか。

● 図4　A案

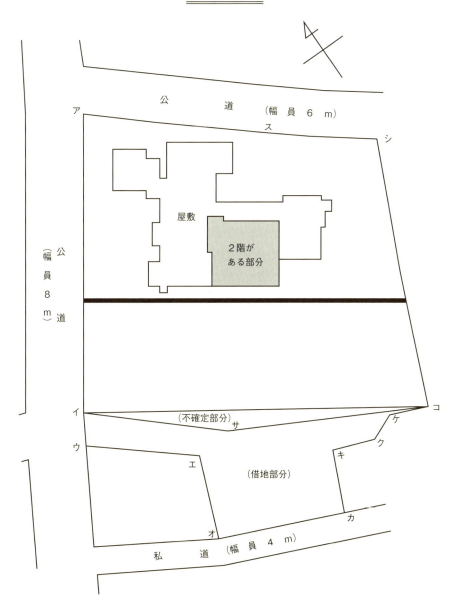

●図5 B案

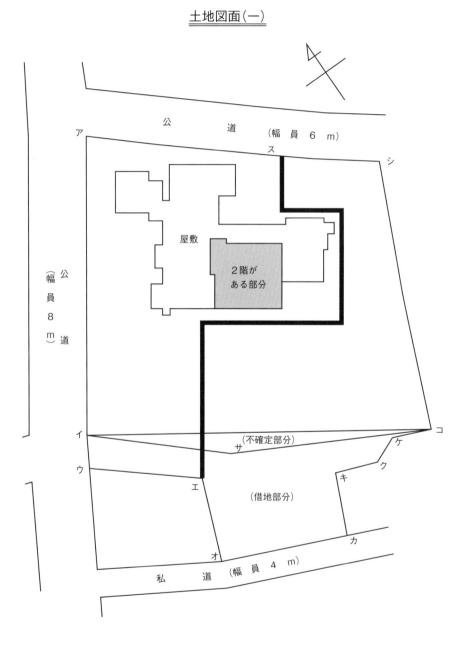

3…ヒント──すなわち和解のコツ

① 最も激しく燃えているところにメスを入れる

　この事件の中で最も激しく燃えているところは、姉の代理人弁護士の主張のうちのⒶ地上に姉妹が共有する屋敷が建っているためにK地の分割ができないという部分である。

　姉の代理人弁護士は、姉妹の土地と借地との境界に争いがあることも分割ができない理由にあげており、このこともK地を分割する際には配慮する必要があるが、この部分については後に述べることにして、まずは、K地全体と、屋敷の大きさ、位置の関係を見てみよう。

　ここでⒶ地上に姉妹が共有する屋敷が土地図面（一）の位置に建っていることには争いがない。

　Ⓐ地上に屋敷があるために共有地の分割はできないのか、それとも分割できるのか、ここに姉妹間の激しい対立がある。つまりこの一点がこの事件で最も燃えているところである。

　そして、その燃えているところにある屋敷。この屋敷をどうするかという問題も解決する必要がある。

　ここで、和解のコツとして最初にあげておきたいことは、これである。

最も激しく燃えているところを早く発見すること

　ここで、2番目の弁護士が提案した競売に付すという案を考えてみよう。この弁護士は、Ⓐ地上に姉妹が共有する屋敷があることが分割の妨げになっているということまでは認識している。しかし、そもそも屋敷があるために分割ができるのか、できないのかという問題に対する認識が著しく不足している。その認識不足のために、いちはやく分割不能として、競売に付すことを提案したのである。

　この競売案に妹が難色を示したのは当然であろう。だいいち、姉妹の土

地と借地との境界に争いがあるのであるから、競売が順調に行われるとは思われない。この案は、スタートの段階から没にされる運命にあったというべきだろう。

　そこで次に調停の席で提案されたA案、B案は何を物語っているのだろうか。この両案は、屋敷の存在の意味を考慮していない。この事件では、屋敷の存在が燃焼を激しくしているのである。そのことを両案は認識していないのである。あるいは、あまりに激しく燃えていることを知っていたから、そこから逃げたのかもしれない。とくにB案は、滑稽なほど逃げに逃げた案であって、これを見た妹がうんざりしたのは当然だろう。

逃げていたら解決はできない

　一般に、弁護士は、激しく燃えているところから逃げたくなるものである。つまり、うまく逃げたら解決すると思いがちになる。事実、激しく燃えているところから逃げた方がうまく解決することもある。

　しかし、最も激しく燃えているところに果敢にメスを入れることによって、鮮やかな解決を見ることができる事件もある。そういう事件であるかどうかを見分けることが必要であるが、本来は、紛争解決とは、最も激しく燃えているところにメスを入れて、障害物を取り除いてしまう仕事である。すなわち、命を脅かしている癌を発見すれば、果敢にメスを入れて取ってしまうのが原則であるように。

 最も激しく燃えているところにメスを入れて、一気に解決してしまうこと

　このことを頭に叩き込んでおきたい。

　和解のコツ❶と和解のコツ❷を併せると、弁護士は、「あっ、ここに癌がある」と素早く発見して、そこにメスを入れて癌を取ってしまうことである。すなわち、当事者が激しく争っている部分に手を突っ込んで、答えを出すこと、逆に言えば、見当外れな答えを出さないことである。これが和解のコツの核心である。

② どうでもよいところはしばらく放っておく

　これと矛盾しているように思われるかもしれないが、どうでもよいところは、しばらく放っておこう。
　前に述べたとおり、姉の代理人弁護士は、姉妹の土地と借地との境界に争いがあることも分割ができない理由にあげている。
　この借地の存在と境界の争いも厄介な問題であり、感覚的には「激しく燃えているところ」のように思われる。しかし果たして、この厄介な問題は、激しく燃えているところなのだろうか。「厄介な問題」と「激しく燃えているところ」とは別のことなのである。すなわち、「激しく燃えているところ」は解決しなければならない対立点であるが、「厄介な問題」は厄介なだけであって、今すぐ解決しなければならないわけではない。
　妹の弁護士が調停の席で提案したA案やB案は、この厄介な問題を今すぐ解決しなければならないと考えたのだろうが、借地部分Ⓑと不確定部分Ⓒの全部（A案）あるいは大部分（B案）を姉か妹のどちらかが背負い込む案にしてしまった。しかし、姉か妹の一方が厄介な問題を背負い込み、他方が厄介な問題から解放されるということは、その差が質的に大きくなるから、それだけで和解が成り立たないことがはっきりしている。差が量的なものであれば調整の仕方があるかもしれないが、質的な差があるときにはなかなか和解できないものだと思っておいた方がよい。姉も妹も、借地部分との不確定部分がある方でよいと言うはずがないからである。
　では、この厄介な問題をどうすればよいのだろうか。
　答えは簡単で、放っておけばよいのである。

紛争解決には争点の見極めが肝要

　ここで妹の念願を思い起こしてみよう。妹は、共有物分割をして、自由に利用したり、必要なときに処分できるようにしたいと言っている。そして、古い屋敷は取り壊して建て替えたいと考えていて、元気なうちに新しい家に住み、趣味の草木染めなどをして、楽しく暮らしたいと思っているのである。つまり、分割してほしいのはⒶ地であって、借地の部分には関

心がない。

　では、姉はどう思っているのだろうか。もともと共有物分割をしたくないと思っているのだから、借地の部分はどうでもよいのである。すなわち、姉の弁護士が姉妹の土地と借地との境界に問題があると主張しているのは、共有物分割をさせないための口実にしているだけである。

　ということは、借地の存在と境界の争いは、厄介な問題ではあるが、解決するべき「最も燃えているところ」ではないのである。弁護士は、この見極めをすることが大事であるが、これを和解のコツとしてまとめるとするならば、このようになる。

 解決すべき問題に、大きい問題と小さい問題があるときには、まず大きい方に手をつけて、小さい方は後回しにすること

放っておいた方がいい場合もある

　このコツは、なかなか身につけることが難しい。そのため、私が若手の頃に遭遇したエピソードを紹介しておきたい。それは、交通事故の示談交渉にあたった際に、医師から伺った話である。

　前夜からの雪がかたく凍っていて、Dは、降り続ける雪を避けるために、ブロック塀を背にしてバスを待っていた。やがてやってきたバスは、凍りついた雪にスリップして停留所で止まることができず、Dにのしかかってきた。そして、ブロック塀を1間ほど倒してようやく止まった。Dは、ブロック塀の下敷きになったまま意識を失った。

　Dは、1年近く入院し、次の冬になって退院した。診断書によると、その受けた傷は、頭蓋骨開放骨折、脳挫創、顔面挫創、右腓骨骨折、右下腿挫創、筋断裂というものであった。入院中に、頭の手術を1度、足の手術を2度している。「よく一命をとりとめたものだ」というのが、はじめてこの事故の相談を受けたときの印象だった。

私は、バス会社と示談交渉をするにあたって、Dの後遺症の内容を、具体的、客観的に固めておかなければならないと考え、早速主治医を訪ねた。主治医は実にゆきとどいた説明をして下さった。そして、「足関節は自動運動ができなくなり、用廃と言えるような後遺症を残しましたが、頭に関しては後遺症はありません」と断言された。
　「診断書にはいろいろな病傷名が書かれていますが、Dさんがこの病院に担ぎ込まれたときは、どんな状態だったのですか」と、私はかねてから聞いておきたいと思っていたことを切り出した。
　「それは、頭が割れて、脳みそが見えている状態でしたよ」
　「足の方はどうだったのですか」
　「骨折してブラブラしていました」
　「素人の考えでは、頭の方が難しくて、足の方がやさしいと思うのですが、それなのに、どうして頭の方の後遺症はなくて、足の方に後遺症が残ったのですか」
　私のこの質問に、主治医は一呼吸置いて、自信に満ちた表情で答えられた。
　「それはこういうことです。頭も助けよう、足も助けようと思って、両方の手術をすると、患者さんは命を落とすのです。つまり、両方の手術に耐える体力がないのです。こういうときには、まず、頭の手術をして命を助ける。そして、足の方は放っておくのがよい。Dさんの場合も、命をとりとめて、もう大丈夫ということになってはじめて、足の手術にとりかかりました。そのために、足の方に後遺症が残ってしまったのです」
　私は、この主治医の言葉に非常に深い感銘を受けた。そして、私の事務所に相談にみえる人が、細かいトラブルに気を取られて大局を見失っているときには、必ずこの話をして、
　「まず、一番難しいことから解決しましょう。同時に全部やろうとすると、事件が死んでしまいますから」と言うことにしている。
　もとより、すべての事件に放っておいてもよい部分があるわけではないし、放っておいてもよい部分があっても放っておかない方がよい場合がある。しかし、放っておいた方がよいケースの場合は、放っておいて後回し

にしなければならない。紛争解決は、すべからくケースバイケースなのである。

4 … 設問の解答と調停の内容

1 設問の解答──たった2本の線

　ここまでで述べたことは相当なヒントになると思う。では、設問に対する答えはできただろうか。
　最も激しく燃えているところを早く発見すること、という和解のコツ❶を思い起こすまでもなく、この事件の中で最も激しく燃えているところは、Ⓐ地上に姉妹が共有する屋敷が建っているためにK地の分割ができないかどうか、という部分である。
　それを発見すれば、最も激しく燃えているところにメスを入れて一気に解決してしまうこと、という和解のコツ❷を直ちに起動させたくなる。
　すなわち、最も激しく燃えている屋敷にメスを入れて、東北─西南の線で切断してしまうのである。
　建物図面を見れば、ちょうどよいところに通し柱があって、屋敷は切断できるはずである。このことは、後に一級建築士に見てもらって確認すればよい。
　これによって、Ⓐ地に、分割案図（K地）のようにABの直線を引くことができる。
　ただし、屋敷に切断線を入れるときには、通し柱に接しないように、すなわち、通し柱に触らないように、壊してもよい部分の方向に少し逃がして引く必要がある。通し柱に触る線を引くと、いよいよ壊すときに、そこに触れてはならないというクレームが出る可能性があるからである。言うまでもなく、K地には、その切断線と重なるように、AB線を引く必要がある。
　そして、解決すべき問題に大きい問題と小さい問題があるときには、まず大きい方に手をつけて小さい方は後回しにすること、という和解のコツ

❸にもひと働きしてもらおう。

　このコツを使うとするならば、Ⓑ地、Ⓒ地はしばらく放っておいた方がよいということになる。つまりここは、分割しないで共有のままにしておくのである。

　私は、Ⓐ地上に、分割案図（K地）のようにCDの直線を引くことにした。このCD線とA点から西南に引いた線とがぶつかるところがB点である。そして、CD線は、イコ線と一致させずに、イコ線より少し北側に離したところに引いた。なぜならば、境界の争いが多少北側に拡張しても、そのことによって影響を受けないように余裕を持たせたのである。

　すなわち、K地上に、AB線とCBD線の２つの線を入れただけである。たった２本の線――これが一見複雑にみえた設問の解答である。

　さて、Ⓐ地をAB線で２分割したとして、姉と妹は、それぞれどちらを取得すればよいのだろうか。姉と妹の居住部分を考慮すれば、姉が西側を、妹が東側を取得するのは最も自然で、そのことは、妹はもとより、姉にも異存はないだろう。屋敷もそのAB線に沿って、姉と妹の取得部分が決まる。これを分割案図上で、姉取得地、姉取得建物部分、妹取得地、妹取得建物部分と表示しておこう。

　妹は、姉と妹は、それぞれの取得建物部分を単独で取り壊すこともできるし、一緒に取り壊すこともできると決めておけばよい。

　すると、それから先のことは自ずから決まってくる。

　まず、K地の姉取得地と妹取得地とについて、不動産鑑定士に鑑定評価をしてもらう。次に、Y地に西北―東南のMN線を入れてもらう。

　この場合、K地は角地を姉が取得したのであるから、Y地は東側の角地を妹が取得することに、姉はそれほど抵抗しないだろう。そして、K地の姉取得地＋Y地の姉取得地＝K地の妹取得地＋Y地の妹取得地となるように、MN線を引いてもらうのである。

　こうすれば、K地とY地を併せて、どんぴしゃり、価値において２分の１ずつに分割ができる。

● 図6 分割案図（K地）

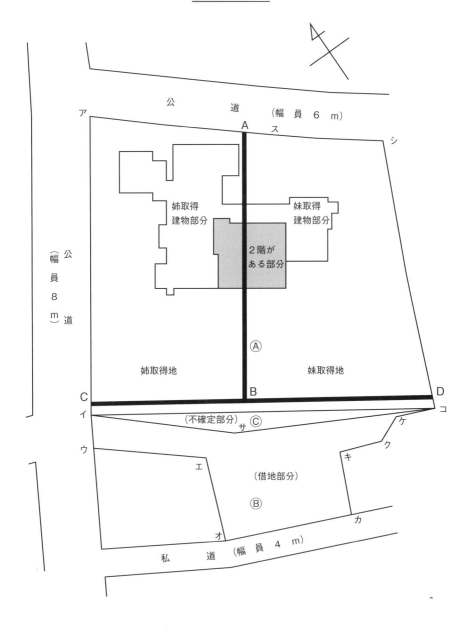

● 図7 分割案図（Y地）

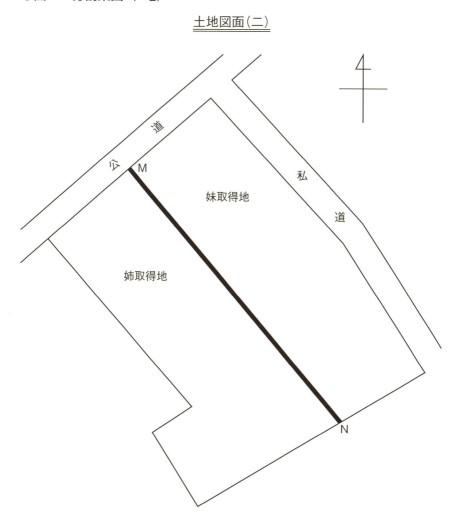

2 調停の経緯

「私、先生がお書きになったこのご本を、6回読みました」
　これが私の事務所に初めて訪ねてきたときの妹の第一声だった。彼女が言う「ご本」とは、私が執筆した『弁護士の外科的紛争解決法』（自由国民社、1988年）というタイトルの本である。彼女は、その本をパラパラとめくり、ページにびっしりと引いた赤線を見せつけながら、
「今、姉と共有になっている財産を分割する訴訟をしています。けれども、何年やっても解決しません。私、これまでの弁護士を断ってここに参りました。この事件は、先生でなければ解決できません」
と言った。
　私でなければ解決できないかどうかはともかくとして、そう言われるとやる気が出てくる。
　私はさっそく、彼女が布袋に入れて持ってきた記録や図面を拝見しながら詳しく事件の内容や事情を聞いた。ひととおり聞き終わったころに、私は、K地に2本の線を引けば解決することが見えてきた。
「裁判官でも誰でも、これしかないという分割案を出せばいいのですよ。ほら、玄関だってふたつあるでしょう。こちらのあなたの部屋の方を取り壊して、お姉さんの部屋があるこちらの部分を残す。この直線でお屋敷はふたつに切れるはずですよ。さっそく懇意にしている一級建築士と一緒に見に行きますよ」
「あら」
「そうして、庭先の借地の方は面積も広くないから、当面は分割しないで共有の権利のままにしておきましょう」
　私は、K地の図面に2本の線を入れた。
「どうして今まで、これに誰も気づかなかったのかしら！」
「この案でいかがですか？」
「いいわね。私、大賛成」
「では、次回の調停期日で提案してもいいですか？」
「もちろん。でも、何て言うかしら、あの人たちは」

調停期日がきた。それまでの間に、一級建築士にK地の屋敷を見てもらった。そして、私が考えたとおり、屋敷の東側だけを取り壊し西側を残すことが技術的に可能であることを聞いておいた。したがって、前記の分割案図（K地）のAB線で分割する案が成立することになる。
　クライアント＝妹と私が調停の席につくと、姉の代理人弁護士はあからさまに憮然とした表情を見せた。それはそうだろう。なにしろ私は、じつに3人目の投手登板なのだ。目まぐるしく代わるリリーフピッチャーに、彼がうんざりするのは分からないことではない。
　しかし私には、解決案さえよければいいのだという気持ちがあったので、かまわず先刻検討済みの解決案を提示した。
「どうですか。これなら調停が不調になって訴訟に戻っても、裁判官はこのとおりの判決を出すと思いますよ」
　私は、強気に出た。すると、相手方の弁護士の表情が見る見る変わってきた。
「なるほど。これならきれいに分割できますね」
　担当の2人の調停委員もほっとした顔になった。
「これでいきましょうよ。これしかなさそうだ」
　こうして、最初の日に基本方針が固まった。

　その帰り道、クライアントはニコリともしないで言った。
「どうして始めと終わりでは、あんなに顔つきが違うのかしら」
「あの弁護士のことでしょう？」
「そうよ。怖い顔でこっちを睨んだりして」
「でも、彼はいい人ですよ。すぐにこちらの案を聞き入れてくれて。ふつうの弁護士は、なかなかあのように素直にはなれないものですよ」
「だって、当たり前でしょう。まるで手品なんだから、この案は」
　ここで彼女は、「アハハ」と豪快に笑った。

　その後、K地とY地の2つの土地の測量や分筆にのために時間がかかったものの、ほとんど最初の分割案どおりの調停が成立した。

③ 調停条項が示唆する和解のコツ

クライアントから「手品のような案」と評してもらったが、この評が示唆しているコツがある。それは、次のとおりである。

 山の頂上が解決であると譬えるならば、ひたすら頂上に登りつめることを考えること、すなわち、裾野でバトルをしないこと

すなわち、裾野でつまらない小競り合い＝バトルを繰り返していたら、いつまでたっても頂上に辿り着けない。お互いに傷つけ合うばかりで、疲れ果ててしまうからである。

目指すは頂上。落とし所ではない。

注意すべきことは、ここで言う「頂上」とは、目標となる解決案のことであって、俗に言う「落とし所」ではない。辞書（広辞苑）によれば、「落とし所」とは「決着を付けるのに最適な場所」の意であるから、意味のうえでは文句をつけようがないが、「落とす」というニュアンスにどうも引っかかる。したがって私は、「落とし所」という言葉を使わない。紛争当事者にとっても、「落とし所」という言葉は、嫌な言葉として受け取られているようである。おそらく、自分が苦しんでいる紛争を下の方に落とされてしまうと感じるからだろう。そして、自分自身が穴にでも堕されてしまうという印象を持つからだろう。したがって、紛争当事者は「落とし所」という言葉を滅多に使わない。その嫌な言葉を代理人である弁護士が使うと、当事者はがっかりしてしまって、その弁護士を信用しなくなる。

すなわち、紛争当事者は、解決の目標を、「落とし所」という言葉で表現される位置よりも高いところに置いているのである。そして、何よりも大切なことは、和解によって解決する「頂上」は、落とし所ではないことを知っているのである。事例で述べた共有物分割事件の分割案（K地）（→30頁）で引いたAB線は決して落とし所ではない。これを「落とし所」とい

う人はいないであろう。「落とし所」を探している弁護士には、このAB線は引けない。「落とし所」を探しているから、前述のA案、B案のような線を引くのである。すなわち、目指す頂上は、次の一言。

 具体的で分かりやすい解決案をつくること

よい解決は簡潔である

　どんな複雑な事件でも、解決は簡潔なものになる。このことは、実際に和解をした経験がある弁護士ならば、誰でも体験していることだと思う。また、結論が簡潔であればあるほど、よい和解であると言える。生命を脅かしていた癌でも、取り出してしまえば掌に乗るものであろう。これと同じように、血眼になって争っていた複雑な事件も、解決してしまえば、1枚の和解契約書、数行の調停条項になるはずである。このことを見据えて、すなわち頂上の1点を睨んで、ひたすら具体的で分かりやすい解決案を探し当てることが肝要である。

　この設問の事件でも、K地とY地の分筆を調停成立前にすることにして、調停条項は簡潔なものにした。したがって、K地のうちのⒶ地とY地という枢要な部分についての調停条項は、ボリュームとしては数行に過ぎない。

　しかし、屋敷の取壊しの権限や手順、移転登記や滅失登記等の登記手続、借地部分の措置などの派生的な部分も細かく取り決めたので、調停条項は、かなり長いものになった。長くなったのは、ここで借地部分の分割にも踏み込んだためである。

最後には細かい点を丁寧にフォローする

　前に述べたように、解決すべき問題に大きい問題と小さい問題があるときには、まず大きい方に手をつけて小さい方は後回しにすること、という和解のコツ❸を使って、Ⓑ地、Ⓒ地は分割しないで共有のままにしておくということにして、私は、Ⓐ地上に、分割案図（K地）のようにCDの直

線を引くことを提案した。そして、イコ線より少し北側に離したところにCD線を引いて、分割案（K地）のとおりに分筆する方向で調停をすすめていたが、やはり分割案（K地）の姉取得地、妹取得地を除く部分も分割しておいた方がよかろうということになった。

この場合に配慮しなければならないことは次の２点である。その１つは、姉妹と借地の所有者（地主）の間に境界の争いがあったので地主が地代の受け取りを拒否していたために、姉妹が地代を供託し続けていたこと、２つは、借地権は建物所有を目的とするものであるから、そのことに気をつけることである。

しかし、多少のリスクがあるものの、姉妹間では分割しておいた方がよかろうということになって、最終的には、K地は、最終分割図（K地）のように分割して、Ⓐ１地、Ⓐ２地、Ⓐ３地を姉が取得し、Ⓑ１地、Ⓑ２地、Ⓑ３地を妹が取得することになった。

したがって、最終的には、K地は、次の図のように分割することになった。

Ⓐ２地とⒷ２地は、借地との境界に争いがあるために、境界の争いが解決した後で分筆することにして、調停調書では、図面上での分割とした。また、借地部分については、調停条項に、「借地権の分割は、借地の所有権者がこの分割を承諾したことを条件としてその効力を生じるものとする」と定めた。

これはずいぶん細かいことのように思われるかもしれないが、和解をするならば、このような配慮を怠ることは許されない。

大きい問題を解決したら、細かい部分にもケアをすること

これが大切である。

大きな臓器にメスを入れて癌を取り除いた後では、血管を繋いで血流を確保したり、傷口を縫合したりすることを省くことはできない。この全体が手術なのである。和解も同様に、後回しにしていた細かい部分をきちんとケアしてはじめて完結するのである。

● 図 8　最終分割図（K 地）

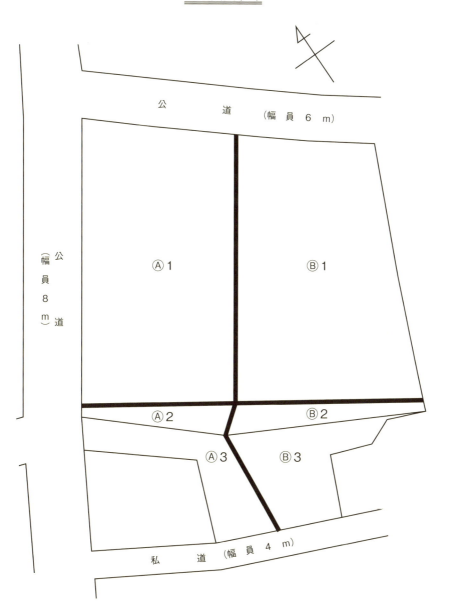

1章 和解とは何か

1 和解は妥協ではない

和解と譲歩

　法律家にとっては当たり前のことであるが、「和解」は民法に定める13の典型契約の1つであって、「当事者が互いに譲歩をしてその間に存する争いをやめることを約すること」によって、その効力を生じる（民法695条）。したがって、法律家にとって、「和解」は、互いに譲歩すること、すなわち、「互譲」であると理解されている。

　確かに、現実に和解のプロセスに入ると、互いに押したり引いたりして、譲歩を迫ったり、譲歩を迫られたりする。この過程で、妥協せざるを得なかったり、足して2で割るという決着に頼ったりして、和解の結論に辿り着く。

　和解とは、このプロセスと結論をひっくるめて言う言葉であるが、このような現象としてみれば、「妥協」、「足して2で割る」という言葉で説明が尽くされてしまうのである。

　そのために、これまでは和解についての理論的解明はされてこなかった。しかし、和解をするときには、妥協が必要であったり、足して2で割ったりして結論を出すこともあるが、妥協や足して2で割れば必ず和解ができるというわけではない。また、妥協が必要でないことも、足して2で割らなくても和解ができることもある。

　事例でとりあげた姉妹の共有物分割のケースを見てみよう。

妥協と歩み寄りの違い

　このケースの場合は、妥協はしていない。ただ分割線を2本引いただけで解決したのである。2番目の弁護士が提案したA案、B案は、妹が大幅

に譲歩する妥協案であるが、当の妹から拒絶された。こういう妥協は、かえって和解の妨げになるのである。

しかし、若干の歩み寄りはした。借地部分を分割した過程で、相互に歩み寄って分割線を引いた。和解をするときには、このような大なり小なりの歩み寄りは必要である。

このことによって、妥協と歩み寄りとは違うことが分かる。妥協と歩み寄りは似たようなものであるが、心理的な抵抗感の程度に相当な開きがある。当事者は、「妥協」には抵抗するが、「歩み寄り」ならよいとすることが多い。その「歩み寄り」の領域で解決を模索し、できるだけ「妥協」という心理的負担が大きくならないギリギリのところにとどまることが、和解にこぎつけるためのコツになる。自分のクライアントに、うっかり「妥協しましょう」と言ったら、「何で私が妥協しなければならないのか」と反発されて、ぶち壊しになってしまうのである。

私は、和解のプロセスの中で、「歩み寄りをしましょう」という言葉は使うが、「妥協しましょう」という言葉は極力使わないことにしている。したがって、こういうコツが見えてくる。

 妥協と歩み寄りとは違う。歩み寄りは必要であるが、妥協は後回しにしよう

足して2で割るは最後の手段

ここで、「足して2で割る」ということにも言及しておこう。和解の過程で、足して2で割って解決したいという気持ちになることはしばしばある。そして、現実に足して2で割ることが有効性を発揮することがある。

しかし、足して2で割れば、答えが出てしまう。その答えに当事者双方が納得すればそれで解決であるが、一方または双方が納得しなければ、それまで煮詰めていた和解は振り出しに戻ってしまう。したがって、「足して2で割る」は最後の手段ということになるが、以上のことを順序立てて整理すると、和解のプロセスで行うことは、歩み寄り、妥協、足して2で

割る、という順番になる。

　しかしこれは、心づもりとしての順番であって、ときには柔軟に順番を入れ替える方がよいときがある。例えば、争点がいくつかあるときに、その一部について先に「足して２で割る」を適用し、そのあとで未解決の部分にとりかかるのが適切なことがある。

和解の理論的解明とは

　さて、これまでは、ここで「和解」の話はおしまいで、これから先は和解について語られることはほとんどなかった。すなわち、前に述べたように、和解について理論的に解明されることはなかったのである。

　しかし、弁護士が和解のときにしていることは、「歩み寄り」、「妥協」、「足して２で割る」だけではない。

　弁護士は、和解をするときには、法律などの道具を使って、知能を働かせ、技術を駆使して解決策を模索し、結論としての和解に到達するのである。

　すなわち、「和解」には、「歩み寄り」、「妥協」、「足して２で割る」をはるかに超える世界がある。したがって、その深く、広い和解の世界を、これから理論的に解明することにしよう。そのことによって、和解のコツが抽出されることになるだろう。

　では、和解で何を使うのだろうか。この問に対して、私は、紛争解決規範を使うと答えるものであるが、紛争解決規範については、章を改めて次章に述べることにする。

　その前に、いったい「和解とは何か」ということを解明しておかなければならない。

2 和解とは何か
——和解の論理構造

1…和解の利点と特徴

和解のメカニズム

　平たく言えば、「和解」とは、争いをやめて、仲直りをすることである。ただそれだけの簡単なことであるが、ヒトという動物は、いったん紛争がはじまるとなかなか仲直りができない。

　クライアントから依頼を受けて和解に取り組む弁護士は、あれこれ工夫して和解案を模索するが、「妥協」や「足して2で割る」ことを念頭に置いて相手方と押したり引いたりするだけでは、やがて壁にぶつかるであろう。したがって、和解のメカニズムをしっかり頭に叩き込んでおく方が、和解の成功率が上昇するというものである。

　しかし、和解は柔軟で不定形な手続であるために、それ自体として掌握されやすい形になっていない。私は、そのことが和解についての研究が深まらず、和解のメカニズムを解明することができなかった原因であると考えているが、それはすなわち、和解を解明するためには工夫を要するということに他ならない。そこでその工夫の1つとして、まず和解の利点と特徴を見ておきたい。和解の利点と特徴は、和解のメカニズムから表出されるものだからである。見方を換えれば、和解の中身から、和解の利点や特徴の多くが出ているのだと言うことができる。

　私なりにまとめてみると、和解の利点と特徴は、次のようになるかと思われる。なお、ここまでくると、どうしても訴訟を意識し、訴訟と比較しながら論ずることになる。

① 訴訟の視点は過去、和解の視点は将来に

第1に、訴訟は過去の事実の存否に目が向けられるが、和解の視点は将来に向けられている。したがって、当事者双方の利害をうまく噛み合わせることによって、生活設計や事業計画を折り込みながら解決することが可能になる。

和解のよさを強調する例として、オレンジを巡る姉妹の争いがよくあげられるが[1]、ここでは少しバリエーションを加えて考えてみたい。

例えば、蜜柑山の蜜柑の所有権の存否を争って訴訟をしたとする。争っているうちに蜜柑が熟れ過ぎて、使い物にならなくなるかも知れない。ところが当事者の利害をよく聞いてみると、一方は蜜柑の中身をとってジュースにして売ろうとしており、一方は蜜柑の皮をとってママレードにして売ろうとしていることが分かった。和解なら、中身と皮を分け合って、2人とも事業として成功することができる。しかし、訴訟ならば、相手がどんな事業を考えているかなどということは単なる事情として扱われ、重要な事柄ではない。土地の所有権と立木との関係、明認方法は何か、果実とは何か等々、気の遠くなるような過去の事実を、丁々発止と闘わさなければならない。これではとうてい収穫の時期までには終わりそうはない。仮にうまく収穫の時期までに白黒がついたとしても、ジュース業者が勝てば皮は捨てるだろうし、ママレード業者が勝てば中身はいらないだろう。

紛争解決にあたって、過去に目が向いているか、将来に目が向いているかということによって、これだけ差が出てくるのである。

② 和解は法の欠缺を埋める

第2に、和解は法の欠缺を埋める形で解決をすることができる。その例としては、入会権の事件を和解で解決する例をあげることができる[2]。

③ 和解は法が予定していない方法でも解決できる

第3に、和解によれば、法律が予定していない方法でも解決をすることができる。その例としては、借地人が借地権を金銭に換えたい場合があげられるが、これについては後に述べることにする。

④ 和解には多種多様な解決がある

第4に、和解においては、多様な解決をはかることができる。すなわち、

和解には訴訟のような100対ゼロの勝ち負けという解決以外に、多種多様な出口がある。これも借地人が借地権を金銭に換えたい場合にあらわれるので、これについても後に説明する。借地人が借地権を金銭に換えたいときの例は、法律が予定していない方法の解決例であると同時に多様な解決方法がある例にもなるので、後で述べる際には1つの例で2つの利点・特徴を解説することにしたい。

⑤　和解は柔軟性に富む

第5に、和解は、解決方法においても、手続きにおいても柔軟性に富んでいるという特徴がある。これは、和解の利点であるが、一方では和解が不定形で掌握しにくいという批判の対象にもなっている。

⑥　和解は原則非公開

第6に、現実的な問題になるが、訴訟に出しにくい事件、出せない事件を手掛けることができるということである。例えば、訴訟は公開が原則なのでプライバシーが公になってしまうが、非公開が原則の和解であれば、プライバシーを守ることができる。

⑦　和解は迅速な解決が可能

第7に、これも現実的なことであるが、訴訟をすれば多くの時間がかかるが、和解であれば時間をかけずに比較的迅速に解決することができる。訴訟をすれば、判決をとるまでに長時間の歳月を要し、終わったときには世の中が変わってしまっていて、争っただけの意味を見出せなくなってしまうこともあるが、和解ならば、当事者の生活事実にタイミングを合わせながら解決することができる。

⑧　和解は新たな権利にも対応する

第8に、社会の変動によって生まれてくる新しい権利を取り入れて解決することができるという利点をあげることができる。その例として等価交換があるが、これについても後に説明する。

さて、ここで和解のコツを1つ。

和解のコツ 8 和解の利点と特徴を頭に叩き込んでおくこと

2…和解を解明する方法

和解と訴訟を照らして考える

　和解の利点と特徴を見ることによって、和解のメカニズムを一応知ることができるが、しかしそれだけでは、十分に和解を解明することはできない。なぜならば、和解の利点と特徴は、和解のメカニズムから表出されるものに過ぎず、和解の中身そのものを見たことにならないからである。

　では、和解のメカニズムを直接見ることはできるのだろうか。つまり、「和解とは何か」という問いに、「和解とはこういうものだ」と端的に答えることができるかということである。和解のメカニズムが柔軟で不定形であるために、その点についてなかなか明確に答えることはできない。出てくるのは、よくて「互譲」、俗な言葉で「妥協」「足して2で割る」という答えであり、結局振り出しに戻ってしまう。

　こういう問答を繰り返していると、自分の顔を自分が直接見ることができないのと似たようないら立ちを覚える。ヒトは一生の付き合いであり、ときには運命すら左右しかねない自分の顔を、直接見ることはできないのである。他人の顔は直接見ることができるが、自分の顔を直接見ることはできない。

　考えてみれば不思議なことであるが、それでもヒトは自分の顔を知っている。あるいは知っているつもりで生きている。なぜそうなのだろうか。それは、鏡に照らして見ることができるからである。

　それならば、和解も何かに照らして見れば、中身を知ることができるのではないだろうか。では、何に照らして見ればよいのだろうか。それには持ってこいのものがある。それはつまり、「訴訟」である。

訴訟は何でできているのか

　訴訟は、メカニズムがしっかりしていて、誰にでもよく分かるようになっている。言うまでもなく、メカニズムとは、仕組みのことであり、すなわち機械装置である。機械装置であるから、何かの素材を使った構造を持っている。では、その素材は何だろうか。つまり、訴訟は何でできているのだろうか？

　民事訴訟法を修得している弁護士ならば、簡単に答えることはできるだろう。また、この問いに対しては、さまざまな答えが出てくるだろう。しかし、私が期待している答えと一致する人はおそらく少ないだろうと思う。

　私がここで、「訴訟は何でできているのか」と聞いているのは、言いかえれば、「訴訟を構成している素材は何か」ということである。

　ここで、私の答えは、「言葉」ということになる。すなわち、訴訟は、言葉でできているのである。

　このことは、弁護士がしている仕事を考えればすぐに分かることである。原告の代理人弁護士も、被告の代理人弁護士も、訴訟という機械装置の中に、主張と証拠という言葉をインプットする。つまり、さまざまな主張も、契約書等の書証も、人証の供述もすべて言葉という形で訴訟の中に放り込まれ、言葉でできている民事訴訟法その他の手続法に乗って進行する。そして、裁判官は、その脳の中にある法規範や判例等々に照らして判断する。その法規範や判例等々も言葉でできていて、しかも裁判官は言葉を使って考え、心証という言葉を形成する。そして、最後の結論として、判決を言い渡す。言うまでもなく、その判決もまた、言葉でできているのである。

　つまり、訴訟は言葉の体系であり、言葉のシステムである。したがって、システムである以上、構造を持っている。その構造は、言葉でできているのであるから、論理構造と言うことができる。

　和解もまた、言葉の体系であり、言葉のシステムである。このことは、訴訟と同じである。したがって、当たり前のことを和解のコツとして抽出しておきたい。

和解は、言葉でできているから、常に使う言葉に気をつけること

　そして、和解もまた言葉のシステムであるから、和解にも論理構造がある。しかし、和解の論理構造は分かりにくいので、訴訟の論理構造と比較することによって解明することを試みることにする。言わば、訴訟という鏡に映しながら和解の論理構造を探究するのである。そのような方法をとることによって、和解の論理構造をようやく明確に理解することができるようになる。

3 訴訟の論理構造と和解の論理構造

本書における権利の定義

　前項で述べたように、本項では、訴訟の論理構造を説明し、それと対比しながら和解の論理構造を解明することにする。

　その前に、これから「権利」という言葉がよく出てくるので、その意味を明確にしておきたい。

　私は、「権利」という言葉を、この本では「訴訟に提出した書証、人証、法規範、学説、判例、慣習、道義、価値観などの総体及びその価値判断」という意味で使うことにする。ただしこれは、訴訟を念頭に置いたものであって、訴訟以外の和解などを念頭に置くときには、「訴訟に提出した」という言葉を「当事者が持っている」とか「当事者が主張する」という言葉に適宜置き換えなければならない。

訴訟システムの仕様書と和解システムの仕様書

　ところで、訴訟というシステムは、前に述べたように、機械装置のようなものである。機械装置であるから、そこには、その機械の仕様がある。訴訟の論理構造を解明することは、そのシステム＝機械装置の仕様書を書くことに他ならない。なお、ここで仕様というのは、言わば事件を動かすソフトのようなものである。

　そこで、以下に訴訟システムの仕様書を書いてみよう。そして、訴訟の1つの仕様に対比する和解の仕様を述べるという方法で考察を進めることにする。

1…「100対ゼロの勝ち負け」と「権利に相応する解決」

訴訟は100対ゼロの勝ち負け

　仕様の第1は、訴訟は原則として100対ゼロの勝ち負けという形で結果が出ることである。

　訴訟の中には、誰の目からみても白黒が明らかであるという事件がある。そのような事件については、100対ゼロの判決で勝ち負けを決めることは格別おかしいことではない。したがって、そこでは原則として100対ゼロという訴訟の仕様に問題は起こらず、訴訟システムは健全に機能するのである。

　ところが、事件の中には勝ち負けの微妙なものがある。とくに、訴訟になるほどの事件であれば、当事者双方に相応の権利があるので、100対ゼロで割り切れるものばかりではない。そのような事件でも、裁判官は双方の権利を秤にかけて、勝ち負けを決めなければならない。

　誰の目からみても白黒が明らかな事件は、訴訟のシステムは通常適切に作動するから、議論の対象から外すことにしよう。問題になるのは、秤にかけても右に傾くか左に傾くかよく分からない事件や、ある裁判官が秤にかければ右に傾くが、ある裁判官が秤にかければ左に傾く事件が、けっこうあるということである。

訴訟システムに内在する危険性

　訴訟において、当事者双方から提出される書証、人証、法規範、学説、判例、慣習、道義、価値観などの一つひとつの資料と判決の結果との因果関係を実証的に結びつけることは、多くの場合不可能なことであろう。また、ありとあらゆる資料を価値評価し、これを総合して権利の重さとして数字であらわすことも、極端な場合を除いて、まず不可能なことである。しかし、「秤にかける」という操作が現実に行われていることは確かであり、したがって、そのことは、権利の重さについて少なくとも相対的な比較が行われていることであるから、当事者双方の権利の重さを百分比（パーセ

ント）であらわすことは、話をすすめるうえで分かりやすく、また、現実性がある。

　事実、法律実務家の間では、次のように言われている。

　民事訴訟では、権利の重さが51パーセントの方が100パーセントの勝ちになり、49パーセントの重さがあってもゼロの負けになる、と。

　つまり、判決は、原則として100パーセントの勝ちか、ゼロの負けしかない。これが訴訟をした場合のとどのつまりの結論である。したがって、判決の結果、51パーセントの当事者は100パーセントの成果をとり、49パーセントの当事者はゼロということになる。これは、現在の訴訟制度を前提とする限り当然のこと、あるいはやむを得ないこととされている。

　そうすると、これはどういうことになるのであろうか。権利の重さが51パーセントの当事者は、裁判をしたことによって権利が100パーセントに増えたことになる。つまり、相手方から49パーセントの権利を奪ってしまうことになる。49パーセントの当事者は、訴訟に負けてゼロになるのであるから、本来持っていた49パーセントの権利を奪われてしまうことになるのである。

　言うまでもなく、裁判は国家が行う作業である。そして、負けた方は、判決のとおりに履行しなければ、強制執行を甘受しなければならない。つまり、国家権力を背景にして、一方は本来の権利に加えて相手方の49パーセントの権利を奪い、もう一方は49パーセントの権利を奪われてゼロになるのである。これは考えてみれば恐ろしいことではないだろうか。

　51パーセント対49パーセントというのは最も極端な場合を想定しているのであるが、その比率が60パーセント対40パーセントでも、70パーセント対30パーセントでも、勝った方が負けた方の権利を奪い、本来持っていた権利を増やすことは同じである。

　しかし、紛争に直面している当事者が、本当に望んでいるのは、このような結論であろうか。

　もちろん紛争の中には、どうしても100パーセントの勝ち負けをつけなければならないものがある。しかし、紛争に直面した人がまず最初に望むことは、何とかして紛争を解決したいということである。したがって、ほ

とんどの人は、紛争が解決すればよいのであって、何が何でも勝負をつけたいと思う人はむしろ稀である。そして、訴訟を提起するときにも、ほとんどの場合は、目の前の紛争を何らかの形で解決してほしいと考えて訴えを起こすのである。つまり、勝つことを望んでいるよりも、解決することを望んで訴訟をするのである。ところが訴訟は、請求権の有無を巡って行われるという構造を持っており、判決という結論は、勝ち負けという形であらわれる。そうすると、紛争を解決してほしいという最初の願望と、勝負をつける判決との間にギャップが生ずることになる。

民事訴訟を提起し、判決で勝負をつける限り、51パーセントは100パーセントになり、49パーセントはゼロになる。これは極端な例であるが、訴訟が権利の実体から遊離して、当事者の願望から大きく踏み外す内在的な危険が、ここにあるのである。

和解は双方の権利に応じた解決ができる

訴訟が原則として100対ゼロの勝ち負けを決める有権的な判断であるということは、国家の制度としての必要性があることは認められるが、紛争解決のソフトという側面から見たときには、事件によっては適切に機能しないことがあるのである。

勝ち負けが誰の目から見ても明らかな事件については、100対ゼロの判決をしても問題にされることはなく、人々は、訴訟によって正義が実現されたと意識するであろう。しかし、当事者双方の権利が拮抗しているときに、100対ゼロの勝ち負けによって、勝った方が負けた方の権利を奪うことを目の当たりにしたとき、訴訟はかえって不正義な結果をもたらすと受け取る人も少なくないのではないだろうか。

そうだとすれば、当事者双方の権利が51パーセント対49パーセントならば、できることなら51対49に近いところに線を引くことこそ妥当な解決であり、また正義に適うと言うことができる。そしてその方が、勝負をつけるよりも目前の紛争を解決してほしいという当事者の願望に合致するのである。

ところで、訴訟の仕様の第一は、原則として100対ゼロの勝ち負けとい

う形で結果が出ることであった。これに対比する和解の仕様は、100対ゼロの勝ち負けという形ではなく、当事者双方の権利に相応する解決をはかることができるということになる。

2 … 「出口が原則１つ」と「多様な出口」

　仕様の第2は、訴訟は原則として出口が1つであることである。
　訴訟の出口が原則として100対ゼロの判決であることは前述のとおりであるから、ここでは繰り返さない。
　この出口1つという訴訟の仕様に対比する和解の仕様は、100対ゼロの解決に限らず、それ以外に多様な出口があるということである。
　その例として、借地人が借地権を金銭に換えたいときの解決方法をあげておこう。

借地非訟手続の成り立ち

　借地人が相続の機会や資金調達の必要があるときに、その借地権を金銭に換えたいと考えることはよくあることである。そういうときには、借地人は、まずその借地権を誰かに売ることを考える。しかし、借地権を第三者に譲渡するときには地主の承諾を得なければならない。ところがそういう場合に、すっきりと承諾する地主は滅多にいないものである。
　借地法が1966年に改正される以前は、地主の承諾がないままに借地人がその借地権を第三者に譲渡してしまって、あとから地主から契約違反で解除され、訴訟が提起されて、訴訟の場で、黙示の承諾があったとか、解除が無効であるとか争われていた。そのような訴訟が多かったのは、借地権に財産的価値がついたこと、経済活動が活発になったことなどのさまざまな社会的、経済的変動がその背景にあったからである。
　しかし、そのような紛争について、100対ゼロの勝ち負けを決めることは、負けた方の利害を大きく損なうので、実質的な妥当性を欠く結果になることが少なくなかった。もともとの借地人の願望は、借地権を金銭に換えたいというところにあったのであるから、借地人の希望を叶えつつ地主の利

益を守る方法があれば、当事者双方にとってその方が望ましいはずである。そこで、借地法に第9条ノ2が追加され、地主が承諾をしなければ、借地人は裁判所に地主の承諾に代わる許可を求めることができるように改正された（この条項は、1992年に施行された借地借家法にも受け継がれている）。この場合、裁判所は地主との間の衡平をはかるために、借地人に対し地主に金銭を支払うことを命ずることができるようになった。また、地主は、第三者に借地権を譲渡するのならば、自分が買い取ると申し立てて、借地人と第三者との取引に介入することもできるようになった。

この手続は、民事訴訟法による手続ではなく、非訟事件手続法による非訟手続で行われるのである。このような手続ができたことは、100対ゼロの勝ち負けという訴訟の原則が、非訟手続を使うことによって、その限りで修正され、紛争解決の出口が1つふえたことを意味する。

非訟手続以外の方法

では、裁判所が非訟手続を用意すればそれで十分になったかというと、そうではない。社会の変化の方が裁判所システムの変化よりもはるかに激しく、その在り方は複雑なのである。だいいち、この非訟手続に乗せようとする場合には、借地人は借地権を譲り受ける第三者を探して来なければならない。しかし、借地権は法的に不安定であるし、金融機関は借地権を担保にして融資することには躊躇するものである。

それではいったい借地人はどうしたらよいのであろうか。

もともとの借地人の願望は、借地権を金銭に換えたいということであった。それならば、非訟手続が予定している手続だけに頼らずにもっと他にも解決のための出口があるのではなかろうか。このように考えると、さまざまな出口が見えてくる。考えられる出口を列挙すると次のとおりとなる。

① 地主の底地と一緒に借地人が借地権を第三者に売却する

この出口に出る道筋は割合簡単で、地主の底地と借地人の借地権を同時に第三者に売るという合意を取りつけたうえで、その場合の取り分の比率を決めておき、それから買い手を見つければよいのである。

②　地主に借地権を買い取ってもらう

　この方法はもっと簡単で、要は地主が借地権を買い取ると言えば、あとは売買代金を決めればよいだけである。これは前述の非訟手続の介入権の行使と結論は同じになるが、第三者の買い手を探してきて非訟手続を経るというような迂遠なことをする必要がない。

③　地主の底地と借地人の借地権を交換する

　例えば、100坪の土地の借地権を持っている場合、それを60坪と40坪に切って、借地人は40坪の借地権を地主に譲渡する。これと交換に、地主は60坪の底地を借地人に譲渡する。交換後は、地主は40坪の所有者、借地人は60坪の所有者になるので、借地人が金銭をほしければ、その60坪を売却すればよい。

④　借地人が地主の底地を買い取る

　これは②と逆のケースであり、借地人は資金の目処をつけなければならないが、買い取り後はさまざまな利用方法や資金調達方法があり得るので、借地人のためにはかえって利益になることがある。

⑤　地主と借地人が一緒に再開発する

　地主と借地人が一緒に再開発をしてマンションを建設しようというスケールの大きい解決方法もある。この場合は、借地人はマンションのいくつかの部屋の区分所有者になるが、金銭が必要ならその全部または一部を売却すればよい。

和解の出口は多様

　以上のように、借地人が借地権を金銭に換えたいときには、法律が予定していない解決方法＝出口として前記の①〜⑤が考えられる。したがって、借地人が借地権を金銭に換えたいときには、①〜⑤のうちのいずれかで解決することを狙い、地主と折衝を重ねて合意を取りつけ、和解によっていずれかの出口から出ればよいのである。これらの出口はいずれも訴訟の仕様にはないものであって、多様な出口があるという和解の仕様を使ってはじめて可能になるのである。

3…「請求原因、抗弁・・・という仕切り」と「仕切りの壁がない」

訴訟システムの組み立て

　仕様の第3は、訴訟は、請求権を構成する要件事実、それに対する抗弁、その抗弁に対する再抗弁……という形で判断が行われることである。

　例えば、建物の貸主が借主に対して立退きを請求する訴えを提起したとする。まず貸主が請求原因として、自ら建物を所有していること、借主がその建物を占有していることを主張し、借主がそれを否認したところ、60対40で貸主に理があった。次に、借主が抗弁として賃貸借契約を締結したと主張し、貸主が否認して、これが90対10で借主に理があったとする。さらに、貸主が再抗弁として合意解約を主張し、借主が否認して、これが60対40で貸主に理があったとしよう。そして、借主が再々抗弁として詐欺取消を主張し、貸主が否認してこれも60対40で貸主に理があったとする。この場合には最終的な再々抗弁のところで勝負が決まり、貸主の勝ちとなる。しかも、100対ゼロの勝ちである。

　各主張には軽重があるので、単純に足し算をするのもよくないが、仮に、貸主と借主の割合をポイントに置き換えて合計すると、貸主190ポイント、借主210ポイントとなり、最終的な勝ち負けとは結論が逆になってしまう。論理の組み立てのうえからすると、訴訟の結論としては妥当だとしても、負けた方の借主にも相当の理由があったことは確かであろう。これがゼロというのは、いかにも芸がないように思われる。

和解には仕切りの壁がない

　この請求原因、抗弁、再抗弁、再々抗弁……という組み立てが訴訟の仕様であるが、これに対比する和解の仕様はこのような組み立てがないということである。したがって、仕切りとしての枠がなく、自由に行き来することができる。そして、権利の計量も仕切りの壁を取り払って、総合的に行うことが可能になる。

4…「要件事実主義」と「事情にも配慮」

和解は要件事実に拘束されない

　仕様の第4は、訴訟は、要件事実に該当するか否かの判断が中心で、法の定める要件―効果という論理の道筋に拘束されることである。
　これを仮に要件事実主義と言うことにするが、要件事実主義は、当事者が持っているさまざまな事実（これが紛争解決の重要な鍵になることが多い）を、しばしば要件に関係のないもの、すなわち事情として切り落としてしまう。
　この要件事実主義という訴訟の仕様に対比すると、和解の仕様は、要件事実に拘束されず、さまざまな事情を考慮して解決することができることである。一例をあげれば、単に金銭を支払うだけの事件でも、期限猶予型、分割払い型、一部減額型、一部完済後免除型、違約金型、連帯免除型、担保取消し型、自然債務型、早期履行増額型等と、事案の内容や当事者の資力などの事情を考慮して、多様な解決をはかることができる[3]。

5…「三段論法」と「三段論法にはこだわらない」

和解は三段論法にこだわらない

　仕様の第5は、訴訟の論理構造は、三段論法であることである。
　訴訟は、小前提の事実を大前提の法規範にあてはめ、結論の判決を出すという構造になっている。したがって、この構造の筋書きどおりならよいが、形式と実質を同時に計量するとか、一方が名を取って一方が実を取るとか、そのような必要があるときにはシステムが作動しない。
　これに対比される和解の仕様は、三段論法にこだわらないということである。例えば最終提案仲裁では、最終提案を選択する場面で三段論法を使わず、一方の最終提案を選択する。
　この最終提案仲裁とは、当事者双方が最終的な提案をし、仲裁人が当事

者のした提案のいずれか一方を選択して（すなわち中間値を採らない）、それをもって仲裁判断をするという方式である。これはアメリカで行われている仲裁であるが、野球選手の年俸を決めるときに使用されるので、別名野球式仲裁（baseball arbitration）ともいわれている[4]。すなわち、この最終提案仲裁においては、仲裁人は三段論法を使わないで、ただ選択するだけである。

6 … 「因果律」と「共時性の原理」

和解は因果関係にこだわらない

　仕様の第6は、訴訟は、因果律に従うことである。
　訴訟は、原因→結果＝原因→結果という流れに乗ってゆかなければならない。そのため、訴訟進行中に因果関係はないが紛争解決には役立つという事実が出てきても、訴訟では無視されて、せっかくのチャンスを逃すことがある。
　これに対比される和解の仕様は、因果律にこだわらずに、例えば共時性の原理を使って解決することができるということになる。

共時性の原理とは

　ここで、共時性の原理について説明しておこう。
　紛争をとりまいているさまざまな事象の中には、他の事象とは何の関係もないものが混ざっていることがある。他の事象の原因にも結果にもなっていない、一見偶然と思われるような事象があって、しかもそれが、紛争にも、解決にも重要な意味を持っていることがある。しかし、これまで「法」の世界では、そのような事象は因果律に関係のないものとして無視されていた。したがって、法律家も、偶然のようなものの意味を取りあげることはなかった。
　ところが、分析心理学の創始者ユングは「意味のある偶然の一致」を重要視して、共時性の原理というものを考えた。この共時性の原理について、

少し長くなるが、河合隼雄教授の説明を引用させていただきたい。

　自己実現における重要な要素として、「時」ということがある。いままで何度も述べてきたように、無意識は意識の一面性を補償するはたらきがあるが、その無意識が意識へ作用を及ぼし、全体性の回復への始動がはじまる「時」というものが存在する。
　謹厳実直な人がちょうど給料日の翌日に、昔の友人にひょっこり出会う。友人に誘われるままに競馬を見にゆき、そこで給料袋を落としてしまい、同情して友人が買ってくれた馬券が大あたりする。これが、この実直な人の競馬におぼれて借金を重ねる話のはじまりである。（中略）
　実直な人の無意識内に形成されていった補償傾向が意識に突入してくる「時」、それはいつか解らない。しかし、その時がくると、いろいろと偶然に面白いことが生じるのである。あのときに、あの友人に会わなかったら、給料を落とさなかったら、などと嘆いてみてもはじまらないのである。（中略）
　個性化の「時」の出現に伴って、われわれはしばしば、不思議な現象に出会う。競馬の人の例もすこしそのようなところがあるが、偶然にしては、あまりにも意味が深い偶然と考えられる現象が起るのである。夢と現実の一致などということも生じる。
　ユングはこのような「意味のある偶然の一致」を重要視して、これを因果律によらぬ一種の規律と考え、非因果的な原則として、共時性（synchronicity）の原理なるものを考えた。つまり、自然現象には因果律によって把握できるものと、因果律によっては解明できないが、意味のある現象が同時に生じるような場合とがあり、後者を把握するものとして、共時性ということを考えたのである。
　共時性の原理に従って事象を見るとき、なにがなにの原因であるかという観点ではなく、なにとなにが共に起こり、それはどのような意味によって結合しているかという観点から見ることになる。われわれ心理療法家としては、因果的な見かたよりも、共時性による見かたでものを見ているほうが建設的な結果を得ることが多いようである。

(河合隼雄『無意識の構造』(中公新書、1977年) 180頁〜183頁)

共時性の原理が役だった事例

　紛争解決に取り組んでいる最中にも、しばしばこのようなことが起こる。私が共時性の原理に助けられて紛争を解決した例をあげれば枚挙にいとまがないが、1つだけ例をあげておきたい。

　かつてある農業協同組合の組合長が詐欺師に騙されて3億円余りの手形をパクられた事件を担当したことがあった。手形のパクリというのは、正常な取引がないにもかかわらず手形を振り出させ、その手形を第三者に売って現金化する詐欺の手口である。売られた手形は次々に裏書きされて転々と譲渡され、それが詐欺によって振り出された手形であることを知らない第三者の手に渡ると、騙された振出人は手形に書かれた額面全部を支払わなければならない。裏書人はみんなグルだと主張しても、手形上裏書きの連続性があれば振出人の支払い義務は免れることはできない。

　私は、農協から依頼を受け、早速サルベージにかかった。サルベージというのは、騙し取られた手形を捜し出し、安く叩いて買い戻すことである。サルベージが不成功になって額面どおりに支払うはめになったら、農協は潰れてしまう。

　ある日、農協が詐取された手形を持って、見知らぬ男が私のところにやってきた。そして「善意の第三者だから今すぐ払え」と怒鳴り立てる。そこで私がふと名刺を見ると、それはまったく別の事件――マンションを建設すると偽って金を集めておきながら会社を倒産させて金を流用した事件――の関係者であることが偶然に分かった。ちょうどそのマンション事件の被害者の代理人として私の提出した訴訟が新聞に出たばかりだったので、その新聞を見せながら、

　「あなたは誰にものを言っているの？　この事件の訴状は誰が書いたと思いますか？　マンションの金がどこに流れたか知りたいと思っていたところだが、ははあ、こういうところに使っていたのですね。騙される方は騙される方で繋がっているし、騙す方は騙す方で繋がっているものですね」と言ってみた。

見る見るその男の額から液体が出てきてふくらんだ。冷や汗というものは本当に出るものである。

「先生、お人の悪いことを」

「私は探偵ではないので、詮索するよりも事件を一つひとつ筋道通りに解決すればよいのです。それで、つべこべ言わずにこの手形はまけてくれますね」

という次第で、私は、相当叩いてその手形を回収した。

解決の鍵をにぎる人と電車の中で偶然に会ったり、土地を買う相談を受けたら売主が知人であったり、難事件だと覚悟して訴訟を出したところ相手の弁護士も担当裁判官も同期生であったり、このような一見偶然に見えることが出てくると、解決が間近に迫っている知らせである。私は、ユングの言う共時性の原理に助けられる機会が多い方かもしれないが、このようなことはほとんど日常的になっている。

因果律は和解のときにも頻繁に使う論理の枠組みであるが、共時性の原理を使うことができれば、いっそう和解の幅が広がることは、強く意識しておいた方がよいと思う。

7…「自由意思」と「無意識や潜在意識」

和解は潜在意識や無意識からの紛争にも対応できる

仕様の第7は、訴訟は、近代私法の基本原則である自由意思の上に成り立っていることである。

したがって、自由意思を踏まえるだけで解決できる紛争には適しているが、紛争は潜在意識や無意識から起こることもあるので、潜在意識や無意識を原因とする紛争には正しい答えが出せない。

これに対比される和解の仕様は、潜在意識や無意識に配慮し、それを意識化することによって解決することができることである。

近代法は、自由意思を前提として構築されており、そのために潜在意識や無意識の問題は捨象される扱いを受けているが、紛争の原因は、自由意

思という心の働きよりずっと奥深い潜在意識や無意識の深層に存在することが多い。そのような紛争について潜在意識や無意識の問題を考慮せず、自由意思を振り廻して解決しようとしても、うまく解決できない。すなわち、紛争の中には深層心理の中にその原因も解決の鍵もあることが多いから、紛争解決をはかる際に、当事者の潜在意識層や無意識層を含めた内的条件に光を当ててその鍵を探すことは、和解をするときには必須の作業になる。

　この潜在意識や無意識の問題を捨象する訴訟と潜在意識や無意識の問題を重視する和解とは、この点においても顕著な分岐をなしているのである。

　このことを明確にするために、私が若いときに解決した事件を紹介しておきたい。

ワキガ（腋臭）事件

　若い女性がその母親と一緒に私の事務所に訪ねてきた。その女性は妊娠5か月であったが、夫から離婚しろと迫られていると言う。夫の言い分は、妻のワキガ（腋臭）が臭いからだと言う。妻は、もともとワキガなどないと思ったが、夫があまりうるさく言うので、香水をつけたり、病院に行って医師に相談に乗ってもらったりした。医師はワキガではないし、若干の治療もしたので、ワキガが臭いということはあり得ないということであった。しかし、夫はそれでもワキガが臭いから別れろと言う。こういう場合には、離婚しなければならないのか。夫の言い分はあまりにも理不尽なので、自分も嫌になった。しかし、お腹の子どもはもう堕ろせない。離婚ということになると、自分と子どもはどうなるのか。

　以上が相談の趣旨である。この相談に対して、法律的に答えるとすれば、次のとおりかと思う。

　まず、夫の主張は、民法770条の離婚原因の要件を充たすだろうか。あるとすれば第5項の破綻主義だろうが、ワキガを理由として離婚が認められることはまずないだろう。それでは、調停でも裁判でも受けて立てばよい。仮に調停で離婚するとすれば、そのときには財産分与、慰謝料をどれくらいもらえるか。また、子どもの親権者を誰にするか。妻が養育すると

定めるとしたら、養育費をきちんと決めておかなければならない。

　私は弁護士であるから、ひととおり法律上の問題点を説明しなければならないが、しかし、話せば話すほど、法律上の説明が意味のないように思われてきて、私自身何か空しい気持ちになってきた。そして、いったいこの問題の本当の原因は何だろうか、もう少し詳しく聞いてみようという思いが募ってきた。

「それでは今は別居しているのですか」

「いいえ、一緒に暮らしているのです。それでワキガが臭い、ワキガが臭いと毎日言われるので、たまらないのです」

　しかし、医師がワキガでないと言うのに、ワキガが臭いと言うのはどうもおかしい。他に原因があるのではないだろうか。

「どうもワキガが臭いというのはおかしいですね。他に理由があるのではないですか。例えばご主人に好きな女性がいるとか」

「いえ、それは100パーセントないと思います。まじめな人で、いつも早く帰って来ますから」

　私は、この話には何か核心があるはずだと思いながら、なおもあれこれ聞いてみた。未知数があるときには、未知数と同数以上の式を立てる必要があるからである。私は母親がついて来たことが気になっていたが、こういう場合には、母親がついてきた事実そのものが1つの式になるものである。そこで私は、本人の兄弟関係や生育歴も聞いてみた。聞くと、父親が早くに亡くなって幼少のときから母親ひとりで育てられたこと、兄弟がおらずひとりっ子であることが分かった。

　私は、最後にこう言った。

「ご主人が私に会ってくれませんかね。ほんとうにワキガだけが原因なのか聞いてみたいのです。そう言って、あなたから私に会うように言ってみてくれませんか。そのとき私には法律論をたたかわすつもりはないと、つけ加えて下さい」

　こういうときには、私から夫に書面を出したり、電話をかけたりしない方がよいものである。そのようなことをすると、たちまち法律上の権利義務のやりとりになって、一気に離婚の方に方向づけられてしまうからであ

る。また、できれば私の方から出向いて行かない方がよい。なぜなら来るか来ないかで、夫のこの問題に対するスタンスが分かるからであって、行けばそれが分からなくなる。

夫は、私が希望する日にひとりで訪ねて来てくれた。これだけで2つほどの式が立つ。すなわち、夫は、「絶対に離婚でなければならない」と思ってはいない。そして、何とか解決したいと思っているのだ。

「ほんとうにワキガだけが理由なのですか」
「そうです。ワキガだけです」

ひとまずそれを信じることにしよう。夫がワキガだけが理由だと思い込んでいることは、はっきりした事実なのである。

「それではワキガが臭わなくなればいいのですね」
「そうです。それならば問題ありません」
「奥さんは、絶対に匂うはずはないと言っていますよ」
「違います。臭いはとても強いのです」

ここで、あなたの言い分は法律上通らないと法律論を述べたり、生まれる子どもに責任を持てと道義論をぶったりしても説得力はない。なぜなら、紛争の種はワキガなのであって、夫にとって臭うか臭わないかだけが問題だからである。そして、夫にはワキガが臭うということも嘘ではないのだろう。ここで「嘘をつくな!」と怒鳴る人がいるかも知れないが、そんなことが最もナンセンスであることは私にも分かる。

心理学者ならここで、「このごろどんな夢を見ますか」と聞くのであろう。しかし、夢の内容を聞いても、私には分析できない。

「ワキガの他に何か奥さんへ不満がありますか」
「他には何もありません。ワキガだけです。ワキガが原因でなじめないのですが」

"なじめない?" これではないかな、と私の頭に閃くものがあった。

数日後、今度は、妻にひとりで事務所に来てもらった。そして私は、私の考えを次のように話した。

「ワキガから匂いは出ないのです。しかし、ご主人には臭いのです。これは不思議なことですが、事実です。それから、ワキガだけが原因で、ワ

キガさえなおれば離婚しなくてもよいとご主人は思っています。つまり、ご主人はあなたを認めており、認めていないのはワキガだけです。結局、ご主人が臭くなくなったと言えば、それで解決するのです。

　しかし、ワキガが匂わないのに臭いというのは、一体どういうことなのでしょうか。私は、いろいろ考えてみたのですが、ご主人が、"なじめない"と言った言葉にヒントがあるのではないかと思います。ご主人は自分の方がなじめないという意味で言ったのですが、それはあなたがご主人になじめず、それがご主人に移ったのではないでしょうか。そして、もしあなたがご主人になじめないというのが正しいのだとすれば、それは、あなたが男という動物を知らないことが原因だと思います。あなたは、きちんとしたお母さんに、幼少のころから女手ひとつで育てられ、男の兄弟もいませんね。お父さんが早く亡くなり、ひとりっ子でしたから、それはやむを得ないことで、良いとか悪いとかの問題ではありません。しかし、周辺に男性がいなかったことは、事実として、そのことをしっかりと押えておかなければならないと思います。だから、男という動物が、頭をぽりぽり掻いてフケを飛ばしたり、人前で鼻くそをほじくったり、食事中にオナラをしたり、風呂から出てパンツもはかないでブラブラしたりすることを、どうも変なことをすると思って、そういう姿を心の底で認めていないのではないでしょうか」

　ハッとした顔をしたから、相当感性の高い人である。

「あなたがそういうささいなことを認めないで、無意識のうちに拒否する態度をとるから、それがご主人に移って、ワキガが臭いなどと言い出すのです。あなたの頭の中にあった男性像と現実のご主人はかなり違う人なのでしょう。しかし、現実の男性はご主人のような人が普通なのですから、そういう現実の姿をまるごと認めてみたらどうでしょうか。頭の中の人と違うからかえって面白いと思って生活してみたらどうでしょうか。幸い人間というものには想像力がありますから、欠けたところは想像力で補うのです。お父さんが早く亡くなった、男の兄弟がいなかったということは事実ですから、その事実を動かそうとしても無理でしょう。しかし、想像力があれば、欠けているところは想像力で補えるわけですから、頭の中の男

性像を現実の男性の姿にだんだん置き換えてゆくことはできるはずです。それに人間には意志の力がありますから、自分の欠けているところを補うためにご主人をまるごと認めるのだと、固い意志を持って自分に言い聞かせれば、これまで男という動物を知らなかった欠点などは、すぐに無くなってしまいますよ」

　私は、次に、夫婦同席のうえで、同じことを夫に話した。

「私がこのように言ったところ、奥さんは半信半疑ながらやってみるということです。ご主人もどうかそのつもりで、つき合って下さいませんか」

　２か月ほどして、夫婦はお揃いで訪ねて来た。

「ワキガは、まだ臭いですか」

「いえ、もう臭いません」

　以上の顛末は、心理学的にみて正解であったかどうか私には分からない。しかし、紛争が解決したことは確かである。

　この事件は、心の在り方がストレートに問題になる分かりやすいケースであるが、理詰めの論争を展開する紛争の最中においても、随所で潜在意識層や無意識層にあるものを読み取る必要があり、そのことによって解決の糸口をつかむ機会は少なくない。このように、潜在意識あるいは無意識を意識化することによって紛争を解決することは、極めて有効、適切な方法であるが、このようなことは、訴訟システムの中では視野に入ってこない。したがって、この一例だけでも、和解には独自の領域があることが分かると思う。

8…「請求権」と「請求権がなくてもよい」

訴訟には請求権が必要

　仕様の第8は、訴訟では、請求権という形になっていなければならないことである。

　請求権という形になっていなくても、紛争の様相を帯びることがあるが、訴訟はそのような紛争には対応できない。

これに対比すれば、和解の仕様は、まだ請求権という形になっていない場合でも、対応できるということである。
　例えば、等価交換の場合には、一方が他方に「等価交換せよ」という請求権はない。しかし、等価交換を望む当事者が関係者と折衝をしたり、複数の関係者が集まって協議をしたりして、等価交換を成し遂げることはよくあることである。和解が発達すれば、そのような場合に十分に対応することができるようになるであろう。

9…訴訟と和解の対比、まとめ

訴訟システムは苦手とするものが多い

　訴訟と和解の仕様を対比すれば、以上のとおりになる。
　訴訟の重いところは、訴訟の仕様の第1から第8までの全部に該当しなければ、うまく作動しないことである。例えて言えば、訴訟は自動車ならば自動車だけをつくるために設計された機械である。したがって、その機械では鐘やら、顕微鏡やら、インスタントラーメンやら、椅子やら、金庫やら、あるいは電気やら、船やらは、つくることはできない。そうであるにも関わらず、何でもかんでも訴訟の枠に放り込めば、変なものができる。訴訟の遅延の真の原因は、訴訟ができないことや訴訟が苦手とすることまでもやらせようとして、何でもかんでも放り込むからである。

和解は無尽蔵

　これに対して、和解のソフトは極めて多様性に富んでいる。ほとんど無尽蔵だと言ってよいほどである。もちろん、必要があれば、訴訟のソフトを一部使用することもできる。そして、特徴的なことは、和解の場合は、どれか1つ傑出したソフトがあれば、ほとんど他のものを使わなくてもよいことがある。
　以上のように、訴訟の論理構造を鏡にして、和解の論理構造を明らかにすることを試みた。社会の複雑化、価値観の多様化、規範の相対化・崩壊

現象の進行に伴って、この和解の論理構造を使用して紛争を解決する必要性はますます増大すると思われる。

以上、長々と説明したが、これを和解のコツとしてまとめるならば、次のようになる。

和解の論理構造＝仕様書を、訴訟と比較する形で、次の表を頭に刷り込んでおくこと

訴訟	和解
100対ゼロの勝ち負け	権利に相応する解決
出口が原則として１つ	多様な出口がある
請求原因、抗弁…という仕切り	仕切りの壁がない
要件事実主義	事情にも配慮
三段論法	三段論法にこだわらない
因果律	共時性の原理も使う
自由意思	無意識や潜在意識にも配慮
請求権が必要	請求権がなくてもよい

1　ロジャー・フィッシャーほか著・金山宣夫ほか訳『新版ハーバード流交渉術』（TBSブリタニカ、1998年）88頁
2　廣田尚久『紛争解決学』（信山社、1993年）349頁〜400頁
3　草野芳郎『和解技術論　第２版』（信山社、2003年）111頁〜124頁
4　しかしこの方式は、請求する当事者Xの最終提案が必ず請求を受ける当事者Yの最終提案を上回ることを前提にしており、いかにも欧米式の感覚に基づいている。これに対し、Xの最終提案がYの最終提案を下回ることもあり得るというのが、東洋人の感覚であろう。そこで私は、この最終提案仲裁に、Xの最終提案がYの最終提案を下回ったときにはその中間値をもって仲裁判断とするという付帯条件を加えることとし、言わば新手つきの最終提案をして事件を解決したことがある。この新手の付帯条件がついていると、当事者は思い切った最終提案をすることが可能になるし、双方の最終提案が近づけば、納得や合意が得やすくなる。なお、最終提案仲裁の方式は、調停でも使うことができる。私が試みた付帯条件つき最終提案仲裁・調停については、廣田尚久『紛争解決学〔新版増補〕』（信山社、2006年）381頁〜425頁。

2章 紛争解決規範を使って和解する

1 事例の共有物分割請求事件は何を使って解決したのか

何を使って和解するのか

　前に述べたように、和解は、「妥協」や「足して2で割る」ではない。たしかに和解のプロセスの中では、「妥協」をすることもあるし、「足して2で割る」こともある。しかし、和解のコツとしては、「妥協」は後廻しにする方がよいし、「足して2で割る」は最後の手段とする方がよい。後廻しにしたり、最後の手段にしたりするのであるから、「妥協」も「足して2で割る」も、出番がないことがある。事例に見た共有物分割請求事件でも、妥協はしなかったし、足して2で割る必要もなかった。

　では、人々は、何を使って和解し、紛争を解決するのだろうか。ここで、事例の共有物分割請求事件に立ち帰って見ておこう。

　この姉と妹の争いは、K地に2本の線を引くだけで和解の道が一気に開けたので、法規範とは関係なく和解ができたと思われるかもしれない。

　しかし、このたった2本の線は、法規範によって発見されたものである。いわば法規範が発する強い示唆によって、生まれたものと言ってよいだろう。

　では、その示唆とは何だろうか。

　まず、実定法から見てみよう。

1…実定法からの示唆

　民法258条2項には、「共有物の現物を分割することができないとき、又は分割によってその価格を著しく減少させるおそれがあるときは、裁判所は、その競売を命ずることができる」と規定されている。すなわち、民法

で定められているのは、現物を分割する現物分割と共有物を売却して代金を分割する代金分割である。これに加えて、一方が単独所有し他方が財産的補償をする価格賠償の方法も、判例で認められている（部分的価格賠償につき最高裁判所昭和62年4月22日判決民集41巻3号408頁、全面的価格賠償につき最高裁判所平成8年10月31日判決民集50巻9号2563頁）。

この民法の規定と判例からすると、現物分割が原則で、代金分割と価格賠償は例外ということになるのだろう。特に全面的価格賠償の最高裁判所の判例では、「共有物の性質、形状等の事情を考慮して全面的価格賠償が相当と認められ、共有物の価格が適正に評価され、共有物を取得する者が支払を履行することができ、共有者間の実質的公平を害しないことが全面的価格賠償の要件」とされているから、価格賠償は例外として扱われているものと考えられる。

しかし、物理的に分割できる共有物は、それほど多くのシェアを占めているものではないだろう。私が最近担当した共有物分割請求事件では、価格賠償で解決したケースがほとんどである。したがって、この事例のように、物理的に大きな面積を持ち、しかも、広い土地がK地、Y地の2つもあるのは、稀なケースであると言えるだろう。

だとすれば、まずは妥協などをせず、民法という法規範の原則を貫いて、きっちりと2つに分けなさいというのが、法規範が示唆している方法だと厳しく認識しなければならない。

そうでないと当事者は納得しませんよ、民法の原則どおり、しっかりと緩みない線を引いて、物理的に2つに分けなさい、と法規範は言っているのである。

2…手続法からの示唆

次に、手続法からも見ておこう。

通説によれば、共有物分割請求訴訟は、形式的形成訴訟である。したがって、処分権主義および弁論主義は適用されない。すなわち、原告は共有物を分割することを申し立てれば足り、特定の分割線を示す必要はない。原

告が分割線を特定して請求しても、裁判所は、その線を越えたところに分割線を定めることが許されるし、控訴審における不利益変更禁止の原則も妥当しない。

　このことは、考えてみれば恐ろしいことである。極端に言えば、裁判官にとんでもない分割線を引かせてしまうおそれがあるということである。まさかそんなことはなかろうと思われるかもしれないが、そんなことが起こらないという絶対的な保証はない。

　ここで、共有物分割請求事件が形式的形成訴訟であるという手続法の法規範が発している警告に耳を澄まさなければならない。

　この法規範は、裁判所に妙な分割線は絶対引かせないという力強い提案をしなさいと言っているのである。

　この実体法、手続法が示唆するものを正確に、かつ厳しく受け取れば、これでなければならないという分割案が自ずから浮かび上がってくる。したがってこんなコツに到達する。

　規範が示唆することを正確に受け取って、和解案を出すこと

　しかし、事例の共有物分割請求事件に使ったものは、上記の法規範だけではない。

　あらゆる共有物分割請求事件で共通する理念は、「公平性」である。

3…公平性という条理

　公平性は、和解にとって、いわば条理と言うべき極めて重要な規範であるが、共有物分割は「分ける」という仕事であるから、公平性は欠くことのできない要素となる。しかも、共有物分割における「公平性」には、立地、形状などの客観的な公平さはもとより、当事者の利害、好みなどの主観的要素を含めて公平であると納得できるものでなければならない。

　因みに、この事件の調停の席では、姉か妹の一方がK地を取り、もう一

方がY地を取って、K地を取った方がY地を取った方に価格賠償するという案は出なかったが、価格賠償の可能性を検討するまでもなく、立地、形状などの客観的要素と利害、好みなどの主観的要素からして、公平な解決ではないことが双方とも分かっていたから解決案として浮上しなかったのである。

したがって、「公平性」を１つの条理だとすれば、条理という規範を使って、和解案を模索する必要がある。

しかし、私がこの事例の共有物分割請求事件で使ったものは、それだけではない。

4…ヴェニスの商人の名判官の判断

共有物分割は、物理的に共有物を切ってしまう作業であるから、身体を切るときと同じように、下手をすると血が噴き出す危険性がある。

ここで思い出していただきたいのは、屋敷に切断線を入れるときに、通し柱に触らないように、壊してもよい部分の方向に少し逃がして引いたことである。これは、分割によって血が噴き出すことがないように配慮したからである。

また、Ⓐ地上に、分割案図（K地）のように、イコ線と一致させず、イコ線より少し北側に離したところにＣＤ線を引いたこともある。すなわち、境界の争いがある部分から血が噴き出さないように、そこを避けて線を引いたのである。

では、ここで何を使ったのであろうか。

それは、シェイクスピアの『ヴェニスの商人』という戯曲にある「肉は切り取ってもよいが、血を１滴でも流せば全財産を没収する」という名判官の判断である。つまり、いざ履行する段階になったときに、血が噴き出すような和解をしてはならないということである。

この名判官の判断を規範と言うかどうかは言葉の問題であるが、重要なヒントとなったことは確かである。私は、この判断を明確に意識して、分割案を作り出した。こういうものは、規範であっても、ヒントであっても、

何と名づけようとかまわないが、どんどん使いたい。つまり、こんなコツが思い浮かぶ。

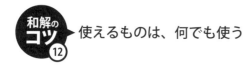 使えるものは、何でも使う

5…身につけた和解のコツ

　ところで、共有物分割を規定する実定法、形式的形成訴訟とする手続法、公平性という条理、ヴェニスの商人の名判官の判断と、ここで使ったものを並べてみると、いかにも段階を踏んで、論理的に２つの線を引いたと思われるかもしれない。しかし、前にも述べたように、私には、事案の説明を聞き終わるのと同時に解決策が見えた。私の脳がどのように動いたのか分からないが、クライアントが説明している最中に、共有物分割の法規範と公平性という概念が脳の中で何らかの操作をしていたのだろう。はっきり意識していたのはヴェニスの商人の名判官の判断であったが、一気に解決できるはずだという和解に対する信念が、２つの線を直ちに引き出したものだと思われる。したがって、それは単純に「和解のコツ」によって導かれたものであると私は思っている。和解に慣れてくると、このような解決案は自然に出てくるものである。

2 紛争解決規範とは何か

和解をするときには「規範」を使う

　ところで、事例の共有物分割請求事件で使った共有物分割を規定する実定法、形式的形成訴訟とする手続法、公平性という条理、ヴェニスの商人の名判官の判断などをひっくるめて、1つのネーミングをしておく必要があるのではないだろうか。そのことによって、和解のときに使うものは何か、という課題に答えることができるのではないだろうか。すなわち、和解が「妥協」とか「足して2で割る」から先の方にすすむのであるならば、和解で使うものを総合的に考察するために、名前をつけることが必要だと思われる。

　ここで留意すべきは、人が和解をするときには、「譲歩」や「妥協」などという曖昧なことをするのではなく、「規範」を使うことである。

　すなわち人は、和解の過程でやりとりする言葉を、自分の胸中にある規範にあてはめ、その規範の働きを使いながら、話し合いを進めてゆくのである。

　では、その規範の働き＝機能とは何だろうか。そこに和解の扉を開く鍵があるはずである。

　そこで、規範の代表として、「法」についてその機能を考えてみたいと思う。

1…法の機能

　たいていの大学の教養課程には、「法学概論」とか「法システム論」とかと名づけられる科目がある。その科目のはじめの方で、「法とは何か」、

あるいは、「法はどのような機能を持っているか」という講義が行われるのが普通である。ここで、「機能」というのは、「働き」という言葉に置き換えてよいから、この講義の目的は、「法はどのような働きを持っているか」という課題を解明することに他ならない。

ところで、人がこの世に生まれてから、最初に知る「法」は何だろうか。たいていの人が２、３歳のときに親から教えられ、誰でも身につけている「法」は？

それは、「赤信号で道路を渡ってはならない」という「法」ではないだろうか。この「法」は、道路交通法に、「道路を通行する歩行者又は車両等は、信号機の表示する信号に従わなければならない」（同法第７条）ときちんと書かれている。

そこで、「赤信号で道路を渡ってはならない」という「法」を例にとりながら、「法とは何か」ということを考えてみたい。

第１に、「赤信号で道路を渡ってはならない」という「法」は、人の行動を規制するルールである。つまり、赤信号のときは、信号が青に変わるまで横断歩道を渡らずに待っていなければならない。したがって、この「法」は、人の行動を規制する規範としての働き＝機能を持っている。このように、人の行動を規制する機能を持っているので、「法」は、行為規範であると言われている。

第２に、もし「道路を通行する歩行者又は車両等は、信号機の表示する信号に従わなければならない」というルールがなければ、人や車が勝手に道路を横断するなどして、交通秩序が乱れる。それによって、道路の通行が妨げられたり、交通事故が頻発したりするだろう。そのようなことがないように、道路交通法は、社会をコントロールするルールとしての働きを持っているのである。このように、社会をコントロールする機能を持っているので、「法」は、社会規範であると言われている。

第３に、「法」は、裁判をするときの基準になる。もし人が赤信号で横断歩道を渡っているときに自動車にはねられたら、その人に過失があることになる。したがって、その人が自動車の運転者に対して損害賠償の請求をしても、「赤信号で道路を渡ってはならない」という「法」が裁判の基

準になって、相当の過失相殺をされる。このように、裁判の基準になる働きを持っているので、「法」は、裁判規範であると言われている。

以上によって、「法とは何か」という設問に対する答えは、法は、行為規範、社会規範、裁判規範としての機能を持っており、したがって、「法」は行為規範、社会規範、裁判規範である、ということになる。

大学の教養課程で教えられるのは、ここまでである。しかし、この3つだけだろうか。「法」は、行為規範、社会規範、裁判規範としての働きしか持っていないのだろうか。

2…法が持つ裁判規範とは別の機能

裁判によらずに、裁判外の和解、調停、仲裁、裁判上の和解などによって紛争を解決するとき、人々は、法を使わないのであろうか。法の何かの機能を使って解決するのではないだろうか。また、法の何かの機能を使わないとしても、別の何かを使って解決するのではないだろうか。

人々が和解によって紛争を解決するとき、規範を使わないのかと言えば、そうではない。人々は、決して漠然と紛争を解決するわけではない。紛争を解決しようとすれば、そこには通常とは異なる明確な意思と意欲を働かせる。その意思と意欲を働かせるエネルギーの根底には、規範が存在する。言い換えれば、人々は自分が正しいと思わなければ紛争を解決する意思を持たないのである。自分が思っている正義が全部は通らなくても、まずまず通ったと納得しなければ、握手はしないものである。すなわち、和解などの合意による解決においては、必ず規範が使われるものであって、規範が使われていない和解はないと言ってよい。それが法規範でなく、単なる互譲の精神や常識のように見えても、それを規範として使おうという意思が存在し、まさしく互譲の精神や常識は規範化しているのである。あるいは高次の規範と連結して使われると言ってもよい。ただし、当事者がそこで使う規範を意識しているとは限らない。しかしいずれにせよ、当事者は意識もしくは無意識のうちに、規範を使っているのである。

この当事者が意識、無意識のうちに使う規範が、法であるとすれば、法

の何かの機能を使うのであって、それは、裁判規範としての機能とは別のもの、すなわち、法の「もう1つ別の機能」に他ならない。このことからも、「もう1つ別の機能」の存在が認識の中に入ってくる。また、当事者が意識、無意識のうちに使う規範が、法でないとすれば、法以外の規範の機能を使うのであって、それは法の「もう1つ別の機能」と同じ機能であるはずである。

3…紛争解決規範としての機能

　この両面から認識の中に入ってきた法の「もう1つ別の機能」を、私は、法の「紛争解決規範としての機能」とネーミングした。すなわち、法には裁判規範としての機能とは別に、紛争解決規範としての機能を持つ。そして、紛争解決規範としての機能をもつが故に、法はまさしく「紛争解決規範」なのである。

　ここで明らかになったことは、法には、行為規範、社会規範、裁判規範としての機能の他に、もう1つ紛争解決規範としての機能があったということである。

　裁判を決闘の代替物と考え、法の裁判規範としての機能にとらわれていては、法を紛争解決規範と考える視点は見落とされて当然のことであろう。しかし、紛争の局面では、法はまず紛争解決規範としての機能を発揮するものであり、人々はこの機能を使ってあらかたの紛争を解決してしまうのである。にもかかわらず、法の裁判規範としての機能によって紛争は解決されるのだと長らく信じられていたために、紛争解決にあたって働きはじめる紛争解決規範としての機能が見落とされていたのである。その結果、解決されるべき紛争が解決されず、またあるべき姿で解決されずに紛争が歪んでしまうことも少なくなかった。

　さらに言えば、これまで裁判規範と言われている機能の多くは、法の紛争解決規範としての機能が裁判手続に従って使われているのである。

　そればかりではない。紛争の側から紛争解決規範を見た場合、それは、法だけではない。法以外に紛争解決規範として使うことができるものはた

くさんあり、現実に人々は、さまざまな紛争解決規範を使って紛争を解決しているのである。

4…紛争解決規範の定義

ここで、「紛争解決規範」を定義しておきたい。

「規範」とは、行動や判断の規準・手本、判断・評価などの基準としてのっとるべきものだが、すべての規範が必ずしも紛争解決のために役に立つとは限らないので、紛争解決のために役に立つ規範に限定するという意味で、私は、「正当」という言葉をつけ加えておきたいと思う。したがって、「紛争解決規範」を定義すれば、「紛争解決のためにそれを使うことが正当とされる基準」ということになる。

紛争解決のために成文法が紛争解決規範として使われることは多く、法律がこうなっているから、こういうふうに和解しようということは、頻繁に行われていることである。

しかし、紛争解決規範を、「紛争解決のために、それを使うことが正当とされる基準」と定義したとき、紛争解決規範は成文法だけでないということにすぐに気がつくはずだ。

たとえば、村落共同体の住民が山林原野を共同で利用する権利として入会権があるが、この入会権は、慣習に基づいて所有、運営することになっている。したがって、入会権の存否や内容が争われるときには、慣習を基準として解決することになる。つまり、慣習が紛争解決規範として使われるのであって、成文法が使われるのではない。

これは一例であるが、成文法以外に、紛争解決規範として使うことができるものは、判例、裁判上の和解・調停・仲裁の解決例、学説、諸科学の成果、慣習、道徳、自然法、生きた法、経済的合理性、ゲーム理論等々、たくさんある。

しかし、紛争を解決するときに、紛争解決規範が必ず存在しているかといえばそうではない。現在のような複雑な世の中になり、紛争が多様化していると、適切な紛争解決規範がないときもある。そのようなときには、

新たな紛争解決規範を発見したり、創造したりする必要がある。

このように、人は、さまざまな紛争解決規範を使って、裁判をせずに、和解によって、紛争を解決しているのである。そのようにして、成文法だけでは解決できなかった複雑で多様な紛争を和解で解決する道が開かれてきた。

ここではっきり見えてきたのは、「紛争解決規範」が「和解」という宝庫の扉を開く鍵であったことである。この鍵で扉を開くと、「和解」は、これまで考えられなかった豊穣で感動的な沃野のような景色を見せてくれる。ここで、私が強調したいのは、次のコツである。

和解をするときには、まず紛争解決規範を使おうと考えよう

そこで、次項で、さまざまな紛争解決規範を見ておくことにしよう。

3 さまざまな紛争解決規範

成文法は紛争解決規範の1つに過ぎない

　法を裁判規範ととらえ、紛争は裁判所を中心にして解決されるのだと考えるのならば、規範とは成文法を指すか、せいぜい成文法とそれに近接している慣習や判例を指すことになる。しかし、紛争解決のために有用な基準は何かという見方に立てば、成文法はもともと紛争解決規範ととらえられ、しかも、紛争解決規範の1つに過ぎないということになる。すなわち、紛争解決規範は、成文法だけでなく、実にさまざまなものがある。したがって、紛争解決のためには、世の中にある多様な規範を持ってくることができ、そのような規範を使うからこそ、広く深い和解ができるのである。

　また、和解をするためには、成文法を使うことがかえって適切でないことがある。そのようなときには、例えば、その成文法の解釈を変えたり、他の規範を使ったり、新しい合理的な紛争解決規範をつくって和解しなければならなくなる。

　そしてまた、1つの規範体系の中にも、広く使えるものもあるし、あまり使えないものもある。そのときどきによって、規範としての強さや普遍性が変化することも少なくない。したがって、和解をするためには、その紛争に合わせて、使う規範を選定し、正しく使わなければならない。医師が患者の病気を治療するときに、薬を選び、投薬のタイミングをはかるように、和解にあたっては、規範を選択し、使い方のタイミングをはからなければならない。また、医師が患者に薬を与えないことがあるように、規範を使わない方が解決に役立つこともある。しかし、いずれにせよ、紛争解決規範やその使い方は、数や種類が多いほどよい。

　そこで、以下に紛争解決規範の類型を列挙し、ひととおり吟味すること

にしたい。これは、医師が患者の病気に備えて、薬品箪笥の引き出しの中に、仕入れた薬をそれぞれ入れておくような作業だと思っていただきたい。

1…成文法

これまで、「法」の働き＝機能からみて、「法とは何か」ということを考えてみたが、ここで「法」という言葉についても言及する必要があると思う。

「法」とは、強制力を持っている社会統制のためのルールである。それは通常、法律と言われている。しかしここでは、文章の形になっている成文法を、「法」と呼ぶことにしたいと思う。したがって、強制力を持っていれば、文章の形になっている政令、命令、条例なども、「法」の中に入れることにする。

紛争解決のために、成文法が紛争解決規範として使われることは多く、法律がこうなっているから、こういうふうに解決しようということは、通常の在り方としては圧倒的、支配的であると言ってよい。成文法は、正規の立法機関によって規範＝ルールとして定められたものであるから、正当性のイメージは通常は賦与されており、成文法が紛争解決規範として日常的に使われている状態は、社会の安定のためにも、法の支配の貫徹のためにも、必要なことであると言えよう。

とくに、日本の法令は、たいへん細かいところまで規定されているので、細かい法令を調べて紛争解決規範として使うことが、紛争解決の決め手になることもある。

例えば、私のクライアントが賃借人として家主から家を借りていたところ、家主が、暖房の煙突を自分で修理して、めがね石をはめ込み、そこから火を出して家を燃やしてしまったという事件があった。これは、家主の過失が問題になったケースであるが、消防法9条というのがあって、それによれば、「かまど、風呂場その他火を使用する設備又はその使用に際し、火災の発生のおそれのある設備の位置、構造及び管理……に関し火災の予防のために必要な事項は、政令で定める基準に従い市町村条例でこれを定

める」となっている。この消防法９条の規定を受けて、旧東京都火災予防条例３条１項17号に、「金属または石綿セメント等でつくった煙突または煙道は木材その他の可燃物から15センチメートル以上離して設けること」「可燃性の壁、床、天井等を貫通する部分は、めがね石をはめこみ、またはしゃ熱材料で有効に被覆すること」という定めがあった。また、東京消防庁が「消防用設備火を使用する設備の技術基準」を設けていて、めがね石を使用する場合は、壁体と煙突外周との最短距離は10センチメートル以上、と定めていた。ところが、この事件の家主が使っためがね石は、3.75センチメートルしか幅がなかった。そこで私は、訴訟において、この石を使って修理したこと自体に重大な過失があると主張した。その結果、家主に契約上の不履行があるということになって、こちらの勝ちになった。これは、訴訟という場で成文法を紛争解決規範として使った例である。ここで、こんなコツを身につけておきたい。

 成文法は、細かいところまでよく調べて使うこと

　しかし、成文法が絶対と考えることは誤りである。成文法は書かれている法であるが、一方紛争は刻々と変化する人々の生活や社会の在り方の中から生まれてくるものであるから、成文法がすべての紛争をカバーすることはできない。このことはちょっと考えれば分かるはずである。
　すなわち、成文法は、かためられた規範であるから、流動的で、ドロドロした、変化、バリエーションのあるあらゆる紛争を、そのかためられた規範にあてはめることはできない。当然、成文法の枠からはみ出している紛争、成文法の枠にとらえられない紛争、成文法の隙間に出てくる紛争がある。また、成文法が役に立たない紛争や、成文法が邪魔になって、成文法を使うとかえって解決できない紛争もある。
　したがって、成文法は、単に紛争解決規範の中の１つであると割り切って、他の規範と並べて、すなわち他の規範よりも優位にあるものではなく、同レベルのものと考えた方が、ものごとがすっきり見えてくる。

わが国では、法律学を学ぶということは、成文法を学ぶことが圧倒的に多く、ともすれば法律学イコール成文法解釈学であるとされている。法学部の学生や法学部出身者は、無意識のうちに成文法優位の思想にひたっているが、しかしそれでは、厖大な紛争解決規範の海は見えない。成文法は、もとより紛争解決規範として大切なものであるが、それを絶対的なもの、他の規範より優位に立つものと考えることは、バケツ1杯の海水で海を語るようなもので、それだけでは、紛争は一向に解決しない。
　それでは、これからその大きな海を見てみよう。

2…判例

　判例は、類似の事例について同一の解決をもたらす働きがあるので先例的な価値を持ち、その意味で規範として使われると一般的に考えられており、事実そのとおりと言ってよいと思う。
　すなわち、判例は、裁判所が個々の紛争に規範をあてはめて有権的に判断したものであるから、類似の紛争には同じ判断がなされる確率が高くなり、判例がこうなっているから、こういうふうに解決しようということになって、判例がそっくり紛争解決規範として使われることが多くなるのである。
　また、判例は、成文法の隙間に出てきた紛争に何らかの判断をしているときもある。そのような判例は、その成文法の隙間を埋める規範をつくったり、成文法に新たな解釈を加えたりして、言わば創造的な役割を果たしている。このような判例は、新しい紛争解決規範を創造したものと考えてよい。その意味では、判例は、まさに紛争解決規範そのものということになる。
　例えば、借地借家法28条に、解約申入れは建物明渡しと引換えに財産上の給付をする旨の申出が考慮されると定められたが、旧借家法にはこのような成文の規定がなかった。しかし、判例は、正当事由を補完する金銭を給付することによって賃貸借を終了させるという理論を確立し、この判例上の理論に従って多くの紛争が解決されていたことは、周知のとおりである。

判例は必ず調べておくこと

　当然のことであるが、これも極めて大切なことである。
　ここで、因果関係の割合的認定という規範的枠組みをつくった創造的な判例があることにも触れておきたい。
　因果関係の割合的認定の最初の判決は、追突事故の被害者が頸椎鞭打損傷を負い入退院を重ねていたが約２年後に突然倒れ、歩行不能に至った場合、その症状が事故と相当因果関係を有するか否かが争われた事件で、裁判所は、「肯定の証拠と否定の証拠とが並び存するのであるが、当裁判所は、これらを総合した上で相当因果関係の存在を70パーセント肯定する」と認定し、次のとおり判示した。
　「当裁判所は、損害賠償請求の特殊性に鑑み、この場合、第三の方途として再発以後の損害額に70パーセントを乗じて事故と相当因果関係ある損害の認容額とすることも許されるものと考える。けだし、不可分の１個請求権を訴訟物とする場合と異なり、可分的な損害賠償請求を訴訟物とする本件のような事案においては、必ずしも100パーセントの肯定か全然の否定かいずれかでなければ結論が許されないものではない。否、証拠上認容しうる範囲が70パーセントである場合、これを100パーセントと擬制することが不当に被害者を有利にする反面、全然棄却することも不当に加害者を利得せしめるものであり、むしろ、この場合、損害額の70パーセントを認容することこそ証拠上肯定しうる相当因果関係の判断に即応し不法行為損害賠償の理念である損害の公平な分担の精神に協い、事宜に適し、結論的に正義を実現しうる所以であると考える」（東京地方裁判所昭和45年６月29日判決、判例時報615号38頁。）
　この判決については、担当の倉田卓次裁判官自身が「要件事実認定の悉無律を疑う議論自体が暴論と見えたから」これに従う判決例が少ないと述べられており[1]、これを踏襲する裁判例は少ないが、この判例は、和解、調停、仲裁に使用されており、したがって、非常に有用な紛争解決規範になっている。すなわち、この因果関係の割合的認定は、裁判所においてつ

くられたにもかかわらず、訴訟手続の中では使用されないで、訴訟手続外の和解システムの中で頻繁に使用される紛争解決規範であって、極めて興味深い現象がここにあらわれている。

　弁護士は、和解をするときに、意識しないでこの因果関係の割合的認定という枠組みを使っているのではないかと思われる。あるいは、因果関係の割合的認定を「妥協」という言葉で語っているのではないかと考えられる。しかし、妥協という言葉は漠然としているが、因果関係の割合的認定は、因果関係を合理的に計量するということであるから、道筋が通りやすい。したがって、これも有用である。

 因果関係の割合的認定という枠組みを使うこと

使えない判決もある

　しかし、判例を絶対視することも、やはり誤りと言わなければならない。それは、裁判所の判断がときには誤りを犯すという単純な問題ではなくて、判決という判断に至るまでに、その手続上の制約を受けて論理が歪曲してしまうからである。

　私の恩師である民法学者の川島武宜教授が後年弁護士になられてから、大学で教えていたときには気がつかなかったことがある、と私に言われた。なぜ変な判決が出るのかと思っていたが、それは当事者がなすべき主張をしていなかったからだ、こんな初歩的なことに弁護士になってから初めて気がついた、とのことであった。すなわち、弁論主義の制約があって、当事者（あるいは代理人の弁護士）が主張しないために裁判所が判断できない。したがって、判決の論理が曲がってしまう。なぜこんな判決が出るのかと不思議に思っていたが、学者であったときには、そのように歪曲された判決を一所懸命に批判していた、と川島教授は言われた。川島教授が言われるような弁論主義の制約のために歪曲されてしまった判決は、筋道が立っていないので、紛争解決規範としては使えない。

弁論主義の制約は一例であるが、裁判官の心証形成に無理がある判決などもあり、先例的価値の乏しい判決例がある。
　判例は、判決例にイコールではなく、判決の中で先例的価値のあるものに限定されるが、前述の因果関係の割合の認定の例のように、紛争解決規範として使用される機会や方法は、その紛争解決システムや紛争の態様などによって異なり、他の紛争解決規範と同様に、相対的なものである。
　したがって、紛争解決規範として判例を使用する場合には、使えるものと、使えないものがあることを認識したうえで、紛争解決規範として使えるものだけを使うという、当たり前の作業が必要である。紛争解決規範として使えないものを持ってきて紛争解決をしようとしても、うまくゆかないことは、言うまでもないことである。

3…裁判上の和解、調停、仲裁の解決例

　裁判上の和解、調停、仲裁の解決例は、非公開とされているので、一般の目に触れる機会は少ない。
　しかし、裁判上の和解などの中には、すぐれた解決例があり、それらは、他の紛争に紛争解決規範として使用すれば、適正な解決が得られるものも少なくない。その意味で、裁判上の和解、調停、仲裁の解決例は、紛争解決規範と言ってもよいものが多いと思う。
　したがって、裁判上の和解などの解決例は、何らかの方法で、もっとオープンにされなければならないだろう。オープンにされることによって、それが批判にさらされる道が拓かれ、非公開の弊害は排除される。すなわち、裁判上の和解などの公正さが担保される。それと同時に、紛争解決規範として使われる可能性が拡大する。
　もっとも、裁判上の和解、調停、仲裁を非公開にしていることについては、当事者の秘密の保護という大義の名分があるので、この問題はひと筋縄にはゆかない。すなわち、営業秘密やノウハウやプライバシーに関する問題について公開の法廷で争うことを望まない当事者が多く、そのようなニーズに応えるためにこれらの調停制度や仲裁制度が設けられている側面

があるので、非公開の原則は守らなければならない一線である。

　こうしてみると、裁判上の和解、調停、仲裁をオープンにすることと秘密の保護とはジレンマの関係に立っていることが分かる。しかし、紛争解決規範の先例として使用するために裁判上の和解、調停、仲裁の解決例をオープンにすることに限定するならば、当事者名を秘して事件の特定性を排除する等の工夫をすることができるし、現実にさまざまな試みがなされている。

　このうちの裁判上の和解については、非公開性とプライバシーの保護という観点から、長い間ベールに覆われていた。しかも、裁判所には「和解判事となるなかれ」という戒めが旧くから伝えられており、裁判が正道で和解は邪道という考えが支配していた。しかし、裁判上の和解は、むしろ正道であるという考えが生まれてきて、その考えが公にされるようになってきた[2]。後藤勇・藤田耕三編『訴訟上の和解の理論と実務』（西神田編集室、1987年）は、現役の裁判官が中心になって編纂されたものであるが、その中には、裁判上の和解の解決例が抽象化された形で出ている。また、和解のすすめ方などの手続上の工夫などの論述もあるので、それらを手続的な紛争解決規範と考えれば、紛争解決規範として使用できるものが多い。

　調停や仲裁の解決例としては、各紛争解決機関が発行している解決例集がある。その例として、第二東京弁護士会仲裁センター編『仲裁解決事例集』（第一法規出版）、日本海運集会所編『日本海事仲裁判断全集』（日本海運集会所）、建設工事紛争研究会編『中央建設工事紛争審査会仲裁判断集』（大成出版社）などがある。

　しかし、裁判上の和解、調停、仲裁の解決例を紛争解決規範としてより適切に使用することができるようにするためには、事案の内容を抽象化したり、結論部分だけを開示したりするだけでは不十分であって、申立てから解決までの経緯が分かるようにすることが望ましい。そのことを可能にするものとして、両当事者が合意のうえで積極的に公表する方法と、当事者から承諾を得て公表する方法がある。

　前者の例を１つあげておきたい。

当事者の合意のもとで裁判上の和解の例を公表した事例

　1998年3月、東京・多摩ニュータウンの分譲マンション「ノナ由木坂」の管理組合は、東京都住宅供給公社が行った大幅値下げ販売を不当として、第一東京弁護士会仲裁センターに仲裁の申立てをした。その結果は、新聞やラジオにも報道されたが、①公社が住民と十分に協議しなかったことに遺憾の意を表する、②管理組合はビラまきなどの反対行動を中止する、③管理組合は新しい組合員を差別しない、④公社は管理組合に対し紛争解決金として2210万円を支払う、という仲裁判断で解決した。

　ところが同様な事件の訴訟では、住民側の敗訴になっている。この事件と同じ頃、関西文化学術研究都市にあるニュータウン「木津川台住宅地」における大幅値下げにつき、住民が近畿日本鉄道・近鉄不動産に対して提起した損害賠償請求事件に、大阪地方裁判所は請求を全面的に退け、請求棄却の判決を言い渡した。もっとも判決は近鉄側の経営姿勢を批判し、「差額返還の検討を含め、購入者の納得を得られる対応をとることが期待される」と解決の努力を促したが（1998年3月29日付朝日新聞）、結論は、住民側の完全な負けになっている。

　この事例は、裁判所の判断と仲裁機関の判断が相反する結論になっていることに注目を要する。これは、裁判所の保守性と仲裁機関の先駆性が如実にあらわれているが、紛争解決規範としてどちらが多く使用されるかということについては、未だ結論が出ていないと言うべきであろう。当事者が仲裁機関の判断の先駆性を選択することはあり得るが、その場合には、この解決例が参考にされるであろう。そこで、こういうことになるかと思う。

和解のコツ⑰　裁判上の和解、調停、仲裁の解決例は、選択に配慮して使うこと

4…学説

　学説の中には、紛争解決規範として使用する価値のあるものが多いはずである。そして、現実に紛争解決規範として広く使われている学説がある。
　例えば、不法行為法において、利益較量論という学説がある。この学説は、成文法ではがんじがらめになって妥当な解決が得られない事態に陥ったときに、妥当性という観点から従来の解釈を修正するためのものとして唱えられ、広く紛争解決規範として使用されるようになった。そして、不法行為に限らず、契約関係やその他の紛争においても、広く使用、応用されるようになった。最近では、この利益較量論が広がり過ぎて、何でも利益較量論になって本来の法律論をすっ飛ばしてしまうので、法律論議を大味なものにしているという批判があるようだが、少なくとも当初は、この利益較量論という学説が紛争解決規範として使用されたことは確かであり、現在でも、時と場合によって、この学説が紛争解決規範として重要な役割を果たしていることは事実である。
　しかし、紛争解決規範として現実に使用されている学説をピックアップせよと言われれば、すぐに思い当たるものはそれほど多くはない。
　前述の因果関係の割合的認定は、学説としても成り立つものであり、現在では学問上の議論の対象になっているが、学説として唱えられる前に実務が先行した。また、付帯条件つき最終提案仲裁は、学説として唱える可能性があったのかも知れないが、私は、それを発表する前に実務のうえで実行してしまった。
　このことは、実務が学説に先行する傾向があることを示している。しかし、実務が学説に常に先行するとは限らない。学説のよいところはその先見性にあるのだから、よく注意していれば、紛争解決規範として使用できる学説に気がつくのではないだろうか。実務家が学者の理論を勉強し、学者が実務家の理解できる言葉で語り、学者と実務家が手を繋げば、紛争解決規範として使用される学説が多くなり、したがって、有効、有益な紛争解決規範が豊富に発見され、創造されることになるのではないかと思う。そして、和解をするときに心掛けたいことは、次のようなことである。

和解のために有用な学説を使うこと

　ところで学者は、自分の学説が紛争解決規範として実務で使用されることに生き甲斐を感じるのではないだろうか。紛争解決規範として実務で使用されるために学説を唱えるということを明確に意識していなくても、無意識のうちにそのようなことを考えていることはないだろうか。もしそうだとすれば、学説は紛争解決規範としてすでにここに存在していると考えてもよいだろう。

　このように考えると、現在存在する学説の中から紛争解決規範として使用可能な学説を洗い出す作業が紛争解決学のテーマとして必要になってくる。またこれからは、紛争解決規範として使用されることを意識する学説の登場が期待される。

5…諸科学の成果

　社会が複雑化し、技術が進歩してくると、紛争解決にあたっても、専門家の知見を取り入れる必要が出てくる。例えば、医療過誤事件において、医師の作為・不作為と患者の死亡との間に因果関係があるかという問題に直面したときには、専門的観点からの科学的データ、意見が必要になる。

　初老期うつ病の患者が死亡したとき、それを防止しなかった医師に過失があるとされた判例があるが（福岡地方裁判所小倉支部昭和49年10月22日判決、判例時報780号90頁）、その場合には、その患者の病状と医師の不作為という具体的な事実関係とは別に、初老期うつ病のある種の症状があるとき、自殺の可能性がどの程度あるか、という科学的な解明が必要になる。

　この場合、相当因果関係という法的規範の中に専門家の意見がその一部として取り入れられることになる。すなわち、この例で明らかなように、専門家の意見が規範の構造の中に取り入れられてその一部となり、その部分を取り除くと、残りの部分だけでは規範として成り立たなくなる。このように見てくると、諸科学の成果の紛争解決規範としての重要性が理解で

きると思われる。

　それでは、どのような諸科学の成果が、どの程度紛争解決規範として使われているのだろうか。また、将来使われる可能性があるのだろうか。さらに重要なことは、諸科学の成果を紛争解決規範として使用するときに、どのような過程を経て、どのような方法で使用するのか。例えば、医療過誤事件で医師の鑑定書を使用するときに、そのまま採用するのか、何らかの評価過程を経て採否を決めるのか。これらの事項を一つひとつ摘出して点検することは重要かつ興味深いことであるが、これだけで厖大な作業が必要になるので、ここでは注意すべき点を大づかみに述べるにとどめたい。

　第1に、現在では広い範囲の諸科学の成果は使われていないが、実は大きな広がりと、深さがあるということである。

　現在のところでは、医療過誤事件における医学、知的財産紛争における関連科学というところが中心ではないだろうか。最近では、カウンセリング心理学が盛んになり、その成果も期待されるようになった。

　紛争解決をはかるものがその気になれば、もっと多数の使用可能な紛争解決規範が発見されるであろう。経済学、人類学、文学はもとより、霊長類学に至るまで、使用できるものはたくさんあるだろうが、私を含めて紛争解決に携わる実務家の勉強不足で、せっかくの諸科学の成果を身につけていないというのが実情ではないだろうか。

　すなわち、諸科学がこれほど進歩しているのであるから、紛争解決に役立つ宝の山はすでにあるのだ。しかし、その中から紛争解決規範という宝を掘り当てようとしないのみならず、すぐ近くに宝の山があること自体に気がついていない。

　第2に、専門家の意見の中には、紛争解決規範として使ってはならないものがあることを、逆に注意しなければならない。

　例えば、建物の賃貸借は、貸主に正当事由がなければ更新を拒絶することはできないことになっている。正当事由は、自己使用とか、建物の老朽化などがあげられるが、一応の正当事由があるときにも、それだけでは十分でないとき、正当事由を補完する金銭をつければ更新拒絶ができるという判例が出て、借地借家法に取り入れられ成文化したことは弁護士ならば

誰でも知っていることである（借地借家法28条）。これが俗に立退料といわれているものであるが、それでは正当事由を補完する金銭はいったいいくらかということになると、裁判になったときには、不動産鑑定士にいわゆる借家権価格を評価してもらうことがよく行われる。すなわち、この場合には、正当事由という法規範の中に、不動産鑑定士の鑑定評価が入り込み、法規範の構造の一部を構成するのである。裁判になったときには以上のような経過を辿るが、裁判外の和解でも、不動産鑑定士の借家権価格の評価が必要なことがあり、その場合には、その鑑定評価は紛争解決規範の一部を構成することになる。

不動産鑑定士が行う鑑定評価の方法にはいろいろな手法があるが、1980年代後半のいわゆるバブル期には、差額賃料還元法という手法がさかんに使われた。この差額賃料還元法は、借家の経済価値に即応した賃料即ち正常実質賃料と、実際に賃借人が支払っている賃料即ち実際支払賃料との差額を、いわゆる「借り得部分」とし、その借り得部分に賃貸借の持続する期間を乗じて資本還元して求められるものである。そして、正常実質賃料は、土地と建物の価格に期待利回りを乗じて算出される。したがって、正常実質賃料を算出する過程で、バブルによって暴騰した地価が算入され、結果として借家権価格は莫大な金額になっていた。

しかし、この差額賃料還元法は、理論的にも経済的にもまったく合理性を欠いている。のみならず、立退料が高額になると、賃貸借関係を円滑に運ぶことが困難になり、賃貸借という広く誰でも利用している法律関係の根底を揺るがすことになる。

私は、このような不合理な不動産鑑定士の借家権価格評価を採用したり、参考にしたりすることは誤りであることを力説したが[3]、裁判所はこの鑑定評価方法を明確に排除しなかった。私は、ここに至るまでの一連の裁判所の判断がバブルを助長した１つの原因だったと思っている。

このように、専門家の意見にもたれかかり、安易に採用することは危険である。すなわち、諸科学の成果を積極的に取り入れて、よりよい紛争解決をはかることは大切であるが、無節操に取り入れるととんでもない事態を引き起こすので、慎重な配慮が必要である。そこで、こういうことにな

るかと思う。

 和解のコツ⑲ 諸科学の成果を使用するときには、内容をよく吟味すること

6…慣習

　慣習もまた紛争解決規範である。
　慣習が法源であることが、はっきり法律の中に明記されているものがある。
　それは入会権であるが、民法には入会権に関する規定は2か条しかない。すなわち、共有の性質を有する入会権については各地方の慣習に従うほか共有の規定を適用するという条文（民法263条）と、共有の性質を有しない入会権については各地方の慣習に従うほか地役権の規定を準用するという条文（民法294条）の2か条である。ここではっきり書かれているように、入会権については、第1順位の法源が「各地方の慣習」である。しかし、この「各地方の慣習」は何も裁判規範としてだけ使われるわけではない。裁判をせずに、裁判外で和解をするときにも、各地方の慣習を紛争解決規範として使うのである。私は、相対交渉の和解によって入会権の事件を解決したことがあるが、そのときには、その入会部落の慣習を規範として使った。すなわち、そこで使用した規範は、明らかに慣習という紛争解決規範である。
　民法には権利の名称がはっきり書かれてはいないが、入会権と同様に、慣習を紛争解決規範として使っているものに温泉権がある。温泉法という法律はあるが、これは行政法規であって、民事的な規範として使われているものではない。温泉権については判例がたくさんあり、規範としての慣習がどのように解釈され、適用されているかが示されている。温泉の慣習はさまざまであるが、法社会学の分野で調査や研究が行われ文献も多い[4]。
　私も川島武宜先生の最晩年にお手伝いをして、ある地方の温泉の慣習上

の関係を確認し、法律上明確にするために慣習を成文化したことがある[5]。

また、慣習の中には商慣習があり、商法1条2項には、「商事に関し、この法律に定めがない事項については商慣習に従い、商慣習がないときは、民法の定めるところによる」と位置づけられている。また、国際連合国際商取引法委員会仲裁規則（UNCITRAL国際商事仲裁模範法）35条3項には、「すべての場合に、仲裁廷は、存在するとすれば、契約書の条項にしたがい決定し、また、取引に適用されるすべての商慣習を考慮に入れるものとする」とされている。

興味ある判決例に、借地の期間満了の際に支払われる更新料に関するものがある。東京地方裁判所には慣習になっているとして更新料支払請求権を認めた事例があるが（東京地方裁判所昭和49年1月28日判決、判例時報740号66頁）、最高裁判所ではまだ更新料を支払う商慣習または事実たる慣習はないと言う（最高裁判所昭和51年10月1日判決、判例時報835号63頁）。東京などの大都市ではかなり広く更新料のやり取りがあるが、これなどは、紛争解決規範と見るか見ないかという点で、裁判所と一般とにズレが出ている例である。とは言え、次のことを頭に入れておきたい。

 慣習が法源であることを認識し、適宜使用すること

7…道徳

道徳とは何か

紛争解決規範を相対的にとらえるとするならば、道徳も紛争解決規範として使用できるのではないかという考えも当然出てくると思われる。

そこで、「道徳」という言葉の一般的な意味を見ておくことにしよう。

辞書（大辞林）によれば、道徳とは、ある社会で、人々がそれによって善悪・正邪を判断し、正しく行為するための規範の総体。法律と違い外的

強制力としてではなく、個々人の内的原理として働くものを言い、また宗教と異なって超越者との関係ではなく人間相互の関係を規定するもの、とある。

　和解は当事者の自主的解決であるから、紛争解決規範に強制力があることを必ずしも必要としない。したがって、当事者が紛争解決のために内的原理としての道徳を使用しても、一向に構わないのである。そしてまた、ここに言うように、道徳は人間相互の関係を規定するものであるから、紛争解決規範として使用することは可能ということになる。

　しかし、道徳は極めて強い規範であるから、相手方がそれを受け入れなければ空振りになるばかりか、相手方からの反発を受けて和解ができなくなることがある。したがって、道徳を使用するときには細心の注意を要する。

道徳が紛争解決に使われるとき

　そこで問題は、道徳がどのようなときに、どのように使用されれば、紛争解決規範としての力を発揮するかということになる。換言すれば、紛争解決規範としての道徳の適切な使用方法が問題になる。

　このことに関して、法社会学者の棚瀬孝雄教授は、不法行為責任を支える実質的な道徳的基礎づけとして、個人的正義、全体的正義、共同体的正義の3つをあげ、個人的正義は責任の限定すなわち不法の客観化が不可欠であるため、コミュニティーづくりに不可欠な人と人との間を結ぶ責任の観念がこの不法の客観化の中で空洞化される、と言う。また、全体的正義は被害救済のために保険制度などのシステムをつくり社会を合目的的に管理しようとするものであるが、これは「連帯」というもう1つの価値の面では、むしろコミュニティー破壊作用をする。そこで、まさに不法行為がそこから生じてくる、その加害者——被害者間の社会関係がどうとらえられているかということを見ていく必要があり、共同体的正義というもう1つの正義が必要となる。すなわち、当事者がお互い1個の人間として向き合う関係を大切にすると、人格が尊重され、加害から回復まで通時的にみて、加害者が被害者と向き合い、その苦痛を除去するために自分として何

ができるかということに大きな関心を持つ、とされる[6]。

　ここで明らかになるのは、道徳という概念が人々の意識と要請によって位相を異にし、それに伴って内容を変えるということである。その意味では、1つの法現象に対応する道徳も、相対的な見方が可能だということである。しかし、棚瀬教授の言う共同体的正義は、被害者と加害者との相互の人格の尊重や向き合う関係を確保できるのであるから、個人的正義や全体的正義よりも道徳として高みに達していることは事実である。したがって、紛争を解決するにあたっては、紛争解決規範として直接道徳を使用するのではないにしても、共同体的正義を念頭に置いて手続きを進め、それを実現する解決をすることが望ましい。

　しかし、事案によっては、加害者の責任を明確にすることを望む場合もあるだろし、現実的な被害救済を優先することが必要な場合もあるだろう。したがって、個人的正義や全体的正義を共同体的正義と同時に実現することがいっそう望ましいということになる。いずれにしても、道徳が紛争解決規範として直接表面に出てくることは少ないとしても、背景に控えて重要な役割を果たすのである。

　また、何が道徳かということについては、民族、世代、職業、社会的地位、価値観などの相異によって相当の違いがある。紛争の局面で、甲がAという道徳をかかげ、乙がAと両立し得ないBという道徳をかかげて一歩も引かなければ、どうにもならなくなる。紛争解決規範の中では、道徳は最も強い価値的、評価的な力を持っているから、紛争解決のためには往々にしてかえって邪魔になるのである。そのような場合には、道徳が持っている価値的、評価的な側面を削ぎ落とすか、相互に相手方の道徳とチェンジするか、いったん道徳に引っ込んでもらうか、いずれにせよ当事者にとっては耐え難い、そして人生観を変えるような工夫をして、局面を打開しなければならない。1つの事例をあげてみよう。

道徳を紛争解決規範として使用した事例

　私は、国選弁護で窃盗をした青年の弁護をしたことがある。この青年は、盗んだ金鵄勲章（きんしくんしょう）を不要なものとして川に捨ててしまった。しかし、被害者

にとっては、その金鵄勲章は存在の証であり、何ものにも代えがたいものであった。私は、青年の代理人として被害者に謝りに行った。しかし、川ざらいをしても金鵄勲章は見つからなかった。「どうしたら許していただけますか」と私は被害者の目を見た。その目は悩みに満ちた苦渋の色をしていた。あとから知ったことだが、被害者は、宗教上の信念のうえから、自分の金鵄勲章のために青年を刑務所に送ることはよくないことだと思っており、そのことと金鵄勲章をなくした無念さとのジレンマに悩んでいたのだ。

「私が信仰している宗教の道場に、2日間だけ行ってください」

「しかし、道場に行ったとしても、この青年が信仰を得るとは限りません。それに信仰の自由がありますから、私が行けということはできませんが」

「それでもよいのです。とにかく行くかどうか聞いてみてください」

私は青年に、「行きますか。信仰の自由だから行かなくてもいいのだよ」と聞いてみた。

青年は「僕、行きます」と言う。しかし、案の定、初日の夜に青年から電話がかかってきた。

「朝から晩まで、天皇陛下、天皇陛下とばかり言うのでもういやになった。今すぐ帰りたい」

しかし私は、「被害者は信仰を持つことを要求しているのではないのだよ。自分が行くと約束したことを守れないで、君はそれでいいのか」と言った。

2日間の「修行」を終えた青年を連れて被害者を訪ねたときには、私は、ことの顛末を説明せざるを得なかった。被害者は、静かに示談書を書いてくださった。そして、いくらかの慰謝料を支払うという私の申し入れに対して、「一銭も受け取ることはできません」と断固として拒否された。

この事例は、被害者が青年の道徳心を呼び覚ますことを願い、青年がそれを受け入れることによってはじまり、私が「約束したことを守る」という道徳を使って青年を説得することによって解決したが、道徳が使われるときは、このように意外性からはじまり常識で終わるようなところがある。

このように、道徳は紛争解決規範として絶妙な働きをすることがある。

とくにシンプルな道徳が、ときには紛争解決の強烈な切り札になる。例えば、「飢えている赤ん坊を殺す気か」という一喝だけで、養育費を支払う父親だっているのである。そこで、次のコツが導かれる。

和解のコツ㉑　道徳は極めて強い紛争解決規範であるから、気をつけて使うこと

8…自然法

　人間の本性そのものに基づいて普遍的に存在する法として自然法というものがあり、この自然法を認め、これによって実定法を基礎づけようとする法思想がある。ホッブス、ルソーをはじめとするこの自然法の思想は、近代合理主義において顕著な展開をして、市民的・自由主義的思想の確立に貢献した。このような考え方に立てば、自然法こそ紛争解決の根本的な規範であるということになるだろう。

　しかし、現代の複雑な社会を背景にして、価値観や思想が多元化し、錯綜してくると、何が自然法かということを確定することは困難になる。そのことを意識せずに自然法をそのまま持ってくることは、いかにも大味に過ぎて、紛争解決規範としてとても使えないものになってしまうばかりか、無理に使おうとすると、一方が他方に押しつけるものになりがちで、紛争解決規範として使うことがかえって危険な場合も出てくる。

　その押しつけを回避しようとすれば、今度は何が自然法かという、言わば形而上学的な議論を延々と続けることになるか、さもなければ、自然法以外のものによって根拠づけをしなければならなくなる。そうなると、結局自然法以外のものを直接探究する方が早いということになる。したがって、自然法の基礎をつくっている、合理性とか、自由とか、平等とか、基本的人権とかの価値概念の中に入り込んで、その中から使えるものを抽出し、具体化する作業を欠かすことができなくなる。したがって、コツとしては次のようになる。

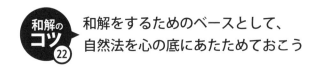

和解をするためのベースとして、自然法を心の底にあたためておこう

しかし私は、自然法が紛争解決規範として使えないと言っているのではない。道徳と同様に、シンプルな自然法が紛争解決の切り札になることもあるだろう。また、自然法の思想の多くは、実定法の中に埋め込まれているので、直接自然法を紛争解決規範として使用しなくても、その思想を覚醒させて適切な紛争解決をすることがあり得る。

9…生きた法

社会団体の構成員によって承認され、一般的には実際にも遵守されている規則、すなわち、社会団体の内部秩序を生きた法という。生きた法は、法社会学ではそのサンクションの在り方などに関心が持たれるが、和解をするときの関心は、紛争解決規範として使用可能か否か、というところにある。

例えば、生きた法の1つとして、校則を取りあげてみよう。

ある私立高等学校に、普通自動車運転免許の取得を制限し、パーマネントをかけることを禁止する校則があった。この校則は、生徒にとっては他の法規範などの諸規範よりも身近な行為規範である。しかし、この校則に違反した生徒がいて、学校側は自主退学の勧告をし、その生徒は退学した。この学校の措置に対し、生徒側が憲法13条の自由権、幸福追求権に違反し無効であると争ったが、最高裁判所はこの自主退学の勧告に違法があるとは言えないと判断した（最高裁判所平成8年7月18日判決、判例タイムズ936号201頁）。すなわち、生きた法は、公序良俗や強行法規に違反するものでない限り、裁判所が正当性を与える傾向が強いと考えてよいのである。

したがって、社会団体の構成員によって承認されただけのように見える生きた法も、第1に、現実の人々の行動を規律すること、第2に、それが裁判所によって正当化されることという二重の意味で、実質的には法規範と大差ない機能を持つことになるのである。

そうだとすれば、生きた法も紛争解決規範として使用することが可能であるということになる。

会社、学校などの規則は生きた法であるから、その団体内部の紛争については必ず使用すること。ただし、その規則が公序良俗違反や強行法規違反になるかどうかに注意すること

その場合でも、相対的に扱われるべきであることなどは、他の紛争解決規範と同様である。

10…経済的合理性

　道徳とか、自然法を紛争解決規範として使うこともないではないが、価値観や思想が多元化してくると、その背後にある合理性とか、自由とか、平等とかの価値を追求することによって、普遍的な紛争解決規範を発見したり、創り出したりすることがある。

　その中で、最近の傾向として注目すべきことは、「法と経済学」という新しい学際的研究分野である。すなわち、「所有権法や契約法、不法行為法の諸ルールは人間の様々な行動に対して暗黙のうちに価格を設定しているのであり、それゆえ、ミクロ経済学の手法を用いて分析することができるのであるという発想は、1970年代から1980年代はじめにかけて確立した」[7]のである。

　法と経済学の成果がそのまま紛争解決規範として使用可能か否かについては、私にはまだ分からないが、「最大化、均衡、効率といった経済学の基本分析概念が法を理解し説明する上でも根本的に重要である」[8]ことは確かであろうし、このような経済学の基本分析概念からあみ出されたシェーマ（方式）が、紛争解決規範として発見され、創造されることはあり得るだろう。

　また、法と経済分析が提示する新たな視点として、「最も大胆な主張は、

正義、権利、義務、過失等々の伝統的法律学の概念をすべて経済学の概念に置き換えることで法律学は経済学に還元されるとするものである。これによれば、この還元後には、法律学の術語は無用の長物として廃棄されなければならないという。たとえば、経済理論家の中には経済的効率性の概念で正義の概念を置き換えるべきであると主張する者がいる」[9]とも言う。

これは、規範の概念を経済的効率性の概念に置き換えるべきであるという主張に他ならないが、ここまでくるとにわかに肯定しがたい。確かに、経済的効率性という基準は、それが計算上の合理性を持っているが故に普遍的であり、その普遍性が紛争解決規範として使用される可能性を大きくしていると言えよう。したがって、経済的効率性は、紛争解決規範として、着々とシェアを拡大しつつある。そしてこのことは、市場経済の拡充、グローバリズムなどの社会的趨勢によって裏づけられていると言ってもよいと思う。

しかし、市場経済の拡充やグローバリズムには弊害が伴う。その弊害を意識して、経済の論理ではとらえきれない人間の論理を人間の側に留保しておこうという考えが当然存在する。また現実に、規範の中には経済的効率性で掌握できないものがたくさんある。したがって、経済的効率性をすべての規範に置き換えようとする考えには賛成できない。紛争解決の実務において、当事者が主張する規範を経済的効率性に置き換えようとしても、その当事者がそれを拒否すれば、そこで行きづまりになる。経済的効率性から見れば圧倒的に有利な条件を示されても、絶対に承服しない当事者は存在するものである。このように人間が経済的効率性以外の「何か」の価値を持っている限り、「経済的効率性の概念で正義の概念を置き換える」という考えをとることはできない。

これまで、法と経済学における「経済的効率性」という概念について述べてきたが、私の言う「経済的合理性」は経済的効率性よりも広い概念である。しかし、経済的効率性よりも広い概念だとしても、経済的合理性を絶対的なものと見ることは誤りである。人間というものは、経済的合理性で割り切るにしては、はるかに複雑なものである。

とは言うものの、経済的合理性が有用な紛争解決規範であることは確か

である。そこで、私が経済的合理性を紛争解決規範として使用して解決した事例を紹介しておこう。

紛争解決規範として経済的合理性を使用した事例

都心の優良地に、下図のようなA地、B地、C地の3筆の土地があった。

●図9　3筆の土地

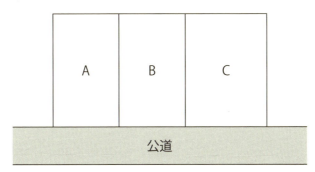

A地とB地はほとんど同面積で、C地はやや広い。私のクライアントの甲は、B地の所有者であったが、A地とC地を取得した土地開発会社乙から「A地とB地を交換してほしい」と申入れを受けた。私は甲の代理人として乙の代理人弁護士と折衝したが、結局B地とC地とをくっつけることによって生ずる付加価値を計算して、それを甲と乙との双方で分け合うという交換条件を提案した。

まず、付加価値が生ずる原因としては、次のものがあげられる。すなわち、B地・C地に1つのビルを建てる方がA地、C地に2つのビルを建てるよりも、①容積率がふえる。②共用部分が節約できる。③建築費の単価が安くなる。④エレベーターの基数が少なくなる。

そこで私は、一級建築士に依頼して、A地にビルを建築する場合、C地にビルを建築する場合、B地・C地に1つのビルを建築する場合の3通りの設計図を引いてもらい、それに基づいて、建築費、保証金収入、賃料収入を試算することにした。

まず、建築費から保証金収入を差し引くと、建築当初に建築主が負担する工事費の負担額が出てくる。その計算の結果、ＢＣの場合の工事費負担額と、Ａの場合とＣの場合の工事費負担額の合計額を比較すると、前者の方が約3000万円高くなった。ＢＣの場合は建築費の単価は安くなるが、建物の容積がＡの場合とＣの場合の合計よりも大きくなるので、工事費負担額が大きくなるのは当然である。

　さらに、ビルを賃貸するときの賃料を予測して算出する。ＢＣの場合は容積が大きいので、Ａの場合とＣの場合の合計よりも、年間約1800万円多くなることが分かった。したがって、工事費負担額の差の3000万円は、だいたい２年分の賃料の差で穴埋めできると考えられる。つまり、３年目からは、ＢＣの場合の方が収益の差を出してゆけるわけである。

　ここで、仮に、賃料収入の差が年間1800万円という状態が50年間続くとしよう。そして、中間利息を控除するために、年５分新ホフマン係数を用いて計算すると、50年の係数は24.7019、２年の係数は1.8614である。工事費負担額を穴埋めしている２年分は除くため、24.7019から1.8614を引くと22.8405になる。したがって、1800万円に22.8405を乗じると、約４億1100万円になる。これが、ＢＣの場合とＡの場合・Ｃの場合の合計の収益の差額であり、交換によって生じる付加価値の概算額である。

　次に、この付加価値が生ずるために、Ｂの土地がどれだけ寄与したかであるが、これは、Ａ、Ｂ、Ｃの３筆の土地の坪当たり単価に差がないのであるから、面積で按分すればよい。Ｂ地は三筆の土地の約３割なので、４億1100万円×0.3で、１億2330万円になる。この１億2330万円が乙から甲に交付されるべき計算上の数字である。

　私は、以上のような計算をして、乙の代理人弁護士に示した。しかしこれは、あくまでも計算上の数字であって、実際には、乙の事業遂行上の危険負担などを考慮する必要がある。したがって、折衝の結果、計算上の金額の７割程度のところで合意し、和解で解決した。

　このように、経済的合理性を紛争解決規範として使用すると、アッと言う間に解決してしまうことがある。したがって、これが有用なコツになる。

計算できるときには計算をして、経済的合理性を使うこと

数字の使い方には慎重に

　この事例から、経済的合理性を紛争解決規範として使用する過程で、数字を使うことが多いことが明らかになった。ここで忘れてはならないのは、数字も言葉の一種だということである。したがって、数字の特殊性を頭にたたき込んでおくことが必要である。すなわち、数字は最も抽象化された言葉であって、数字になった時点では絶対的なものである。明確性、一義性という点では、これほど確かなものはない。したがって、数字が力を発揮すると、他の言葉の追従を許さないほどの効果をもたらす。しかし逆に、数字が出てくる根拠に誤りがあると、これほど役に立たなくなるものはない。したがって、数字を使うときには、何度も点検してみる必要がある。

　また、相手から数字を突きつけられたときには、その算出根拠を洗い直してみる必要がある。数字には、往々にして数字の魔術というものがあり、こんなものに引っかかるとひどいことになる。逆に、数字の魔術を見破ってドンデン返しをすることもあるが、そういうときにはちょっとした快感を味わうものである。

　数字は絶対的な姿をしているが、紛争解決の局面でこの絶対性をあまり頼りにするのもよくない。人によっては、数字を見ただけで反発する人もいる。また、数字に従うことに感情が許さない人も多い。したがって、紛争解決をするときには、数字だけではダメである。人は数字だけで解決することに納得しないものであると、よくよく肝に銘じて、ふくらみのある豊かな言葉をつけて数字を出すのがよい。そしてまた、数字をあまり絶対化せずに、政策的な配慮や諸般の事情によって、柔軟に修正する気持ちを持っておかなければならない。しかし、そのような場合でも、出した数字を消しゴムで消してしまうようにするのではなく、その数字を横に置いて、それを睨みながら、すなわち、修正の軌跡を丹念に追跡するようにしながら合意点を目指してゆけば、たいていはうまくゆく。つまり、こんなこと

にも気をつけたい。

和解のコツ㉕ 数字を出すときには、ふくらみのある豊かな言葉と一緒に出すこと

そして、不思議なことに、数字が悪感情を消してしまうことがある。それは、数字が最も抽象的な言葉であるために、具体的事象としてあらわれるときには、予想を越えるほどの広がりと深さに到達するということを示している。

以上、数字の使い方について述べたが、これは経済的合理性を紛争解決規範として使用する場合にも言えることである。すなわち、経済的合理性は、紛争解決規範として有用なものであるが、それを使うときには、その力と内容を吟味し、限界をわきまえ、扱いを慎重にしなければならない。経済的合理性を不用意に使用すれば、そこに独断が生じ、抽象化の過程で切り捨てたものから異議を唱えられて、かえって紛争を深刻化してしまうことになりかねない。

なお、経済的合理性は、前述の事例のように、ストレートに、すなわち、それ自体が紛争解決規範として使われることもあるが、他の紛争解決規範を基礎づけたり、他の紛争解決規範と一緒にされたりして使用されることが多い。その意味からしても、経済的合理性は重要かつ汎用性の高い紛争解決規範である。

11…ゲーム理論

経済学者で日本のゲーム理論の第一人者でもある鈴木光男教授は、「ゲーム理論とは複数の意思決定主体からなる状況を表現し分析するための言葉の体系である」[10]と言い、「いまでは、経済学、経営学、政治学、社会学、倫理学、さらには、生物学とか、工学など、さまざまな学問が、ゲーム理論という新しい言葉によって、その基礎から書き直され、いままで見えなかったものが、その姿を現し、事物は新しい形を与えられるようになりま

した。この事物を再構築する力こそ、ゲーム理論がもつ力です。それは諸科学を新しく蘇生させ、新しい世界を構築する力となっています」[11]とされている。

　和解を重要視するならば、法律学においても、ゲーム理論を取りあげる価値がある。ここでは、アクセルロッドの「反復囚人のジレンマ・ゲーム」を考察しておきたい[12]。

　反復囚人のジレンマ・ゲームを説明するためには、まず囚人のジレンマ・ゲームから説明しなければならない。

囚人のジレンマ・ゲーム

　2人の囚人XとYが、互いに相手方が何を言っているか知らされていないで牢屋につながれているとする。XがYを裏切って「Yこそ犯人だ」と言い、YがXに協調して「Xが犯人だ」と言わないとすれば、Xが無罪になり、Yが重い有罪になる。この場合、Xに5点、Yに0点を与えることにする。同様に、Xが協調しYが裏切るとすれば、Xが重い有罪になり、Yが無罪になって、Xが0点、Yが5点になる。双方とも互いに相手方が犯人だと言えば、双方が有罪になるが、罪は1人で犯行に及んだ場合と比べて少し軽くなり、XもYも1点となる。しかし、双方が協調して何も言わないとすれば、双方とも有罪になるが、罪は相当軽くなって、XにもYにも3点が与えられる。

　囚人のジレンマ・ゲームは以上のように設定するが、これを整理したのが下のような表である。

		Y→ 協調	裏切り
X↓	協調	X=3 Y=3	X=0 Y=5
	裏切り	X=5 Y=0	X=1 Y=1

第2章　紛争解決規範を使って和解する　107

すなわち、囚人Xと囚人Yの2人のプレイヤーがいて、それぞれが「協調」と「裏切り」という選択肢をとることができる。Xの選択肢を縦にとり、Yの選択肢を横にとったのがこの表である。XとYは、互いに相手方がとる行動を知らないときに、自分の行動を選択しなければならない。そのとき、XとYは、協調と裏切りのどちらの行動をとるのだろうか。

　囚人は、自分が相手方を裏切って相手方が自分を裏切らなければ最高の点数を稼げるが、双方とも裏切ればひどいことになる。そして、双方が協調すればまずまずの結果になるが、自分が協調して相手方に裏切られると最もひどい結果になるから、うっかり協調できない。だから、結局のところ、双方が裏切り合って、双方とも有罪、点数は1点になってしまう。これが囚人のジレンマである。

　囚人のジレンマは、単純かつ抽象的ではある。しかし、双方が協調し合えばまだよかったものの、それぞれが最もひどいことになるのを恐れるために、裏切り合いになってしまう一般的で興味深い事態を定式化している。

　この定式化ということで、何か思い当たることはないだろうか。

　訴訟は、双方とも自分が正しく、相手方が不正であると主張し、非難の応酬になるから、双方が裏切りを選択すると言ってよいだろう。その点数は1点になってしまう。宮澤賢治が『雨ニモマケズ』の中で、「ソショウ」を「ツマラナイカラ　ヤメロトイヒ」というのは、このことを言っているのかもしれない。しかし、和解であれば、相手方に得点を与えながら、自分もそこそこの点数を稼ぎ、得点は双方とも3点になる。

　しかしながら、囚人のジレンマ・ゲームが示唆するものは、訴訟はつまらない結果になるというだけのことであるから、和解において、これからどのような行動をとればよいかを示唆する紛争解決規範としては物足りない。

　そこで、反復囚人のジレンマ・ゲームの登場である。

反復囚人のジレンマ・ゲーム

　2人のエゴイストが囚人のジレンマ・ゲームを1回だけ行い、双方が裏切りを選んだときには、両者が協調し合ったときよりも損になるが、相手

方に裏切られると最もひどいことになるので、結局裏切り合って協調関係は引き出せない。もしこのゲームが決まった回数だけ繰り返され、その回数をプレイヤーが知っているとしても、協調関係が引き出せないことに変わりはない。なぜならば、最終回では、もはや後々のことを考えて行動する必要がないので、裏切り合うという結論が成り立つからである。その前の回でも、最終回で相手方が裏切るのを見越しているために、どちらも協調しようとはしない。この論法でいくと、その前の回も、そのまた前の回も裏切り合うことになり、どんなに長くても有限回であれば、辿ってゆくと最初の回まで戻ってしまう。ただし、この論法は、回数が決まっていないときには使えない。実際の人のつき合いでは、当事者どうしが相手方と何回つき合うかを知らない場合がほとんどだろう。

そこで、囚人のジレンマ・ゲームを回数を知らせずに反復して行う、反復囚人のジレンマ・ゲームをすれば、どのようになるだろうか。アクセルロッドは、対戦の回数を知らせないという条件を設定したうえで、囚人のジレンマ・ゲームを反復して行うコンピュータ選手権を開き、ゲーム理論の専門家を競技参加者として招待した。

心理学、経済学、政治学、数学および社会学の5つの分野から参加した14名は、それぞれのコンピュータ・プログラムに基づいて対戦した。その結果、トロント大学のアナトール・ラポポート教授が応募した「しっぺ返し」戦略が、この選手権で優勝した。

「しっぺ返し」戦略は、最初は協調行為をとる。その後は相手方が前の回にとったのと同じ行為を選ぶ。この決定方法は分かりやすく、プログラムをつくるのも簡単である。そして、人間どうしのつき合いにおいて、かなり多くの場合に協調関係を引き出すものとして知られている。コンピュータ選手権の参加者として、「しっぺ返し」戦略は、相手方からあまり搾取されず、また、「しっぺ返し」どうしがつき合ってもうまくゆくという望ましい性質を持っている。

このコンピュータ選手権で高得点をあげた参加者と低い得点を比べると、たった1つの性質が運命の分かれ道になっていた。それは、「上品さ」、すなわち自分からは決して裏切らないという性質である。成績上位の参加

プログラムはみな上品だった。上品なプログラムどうしの試合では、ゲームの終盤まで互に協調し続けたから、互いに3点が続き、高得点になったのは当然である。この選手権の一番の教訓は、互いに泥仕合に陥る事態を極力避けることの重要性である。たった一度の裏切りがはてしない報復の応酬につながるなら、損をするのはお互い様である。

　アクセルロッドは、さらに第2回選手権を開催した。この選手権には、6か国から62名が参加した。

　「しっぺ返し」は1回目の参加者中プログラムが最も簡単だったが、その覇者になった。さらに、2回目の参加者中でも最も簡単であり、しかも再び勝利した。全参加者が、前回「しっぺ返し」が勝利を収めたことを知っていながら、誰1人としてそれを凌ぐ作品をつくれなかったのである。

　この第2回選手権では、全部で100万回を超える対戦が行われた。その結果、第2回大会でも、上品なプログラムが得をしていた。逆に、自分の側から裏切る者は、たいてい大損してしまった。

　「しっぺ返し」は、それぞれの対戦では負けるか引き分けになる。これは、点数を入れてみれば分かることである。仮に、「しっぺ返し」が常に裏切る「全面裏切り」と10回対戦したとすると、最初は「しっぺ返し」が協調で「全面裏切り」が裏切りだから、「しっぺ返し」は0点、「全面裏切り」は5点である。2度目からは、双方とも裏切りが続くので、それぞれ1点の連続になる。これが9回あるから、10回の対戦の合計は、「しっぺ返し」が9点、「全面裏切り」が14点で、「しっぺ返し」の負けになる。

　しかし、仮に「しっぺ返し」どうしが10回対戦したとしたらどうだろうか。双方とも協調のカードを切るので、最初から10回目まで3点が続き、合計すると双方とも30点で引き分けになる。

　このように、「しっぺ返し」は、それぞれの対戦では負けるか引き分けになるが、ゲームが反復して長く続くと、最終的には覇者となる。アクセルロッドは、この「しっぺ返し」の強さの秘訣を分析して、「しっぺ返し」が次のような3つの条件を根拠に、相手方から搾取されない結果として、利益を享受しているのだと言っている。

① 「しっぺ返し」をとる相手方と出会う可能性は、世間にいくらでもあ

る
② 1度出会えば、すぐに相手方が「しっぺ返し」かどうか見分けられる
③ 1度見分けがついたら、「しっぺ返し」からは搾取できないことはすぐ相手方に分かってもらえる

「しっぺ返し」が成功した要因は、自分の方から裏切り始めることはなく、相手方の裏切りには即座に報復し、心が広く、相手方に分かりやすい行動をとったからである。ここで、心が広いという意味は、相手方が裏切った後でも再び協調する性質で、報復は1回きりで過去のことは水に流してしまうことである。そして、上品にしていれば無用なトラブルを避けることができ、即座の報復は相手方に対して裏切りたいという誘惑を断ち切らせ、心の広さは強調し合う関係を回復するのに役立つ。さらに、態度の分かりやすさによって、相手方が自分を理解してくれて、長い協調関係をもたらすのである。

紛争解決規範としてのゲーム理論

このアクセルロッドの研究の成果は、紛争解決規範として使用することができる。すなわち、自分の方から裏切らない、相手の裏切りには即座に報復するが、心が広く、相手に分かりやすい行動をとるということは、交渉過程の言葉の中に随所に折り込むことができるし、和解の条件として（例えば、過怠約款の書き方）表現することができる。

私は、長い間相対交渉をしていた相手方に対し、いよいよ訴えを出さなければならないかと考えて訴状を準備した矢先に、たまたまこの反復囚人のジレンマ・ゲームを読んで、訴状を引っ込め、「自分の方から裏切らない」ということにして交渉を継続したところ、首尾よく和解で解決した経験がある。したがって、こんなことが言える。

 最初は協調行為をとり、その後は相手方が前の回にとったのと同じ行為を選ぶという「しっぺ返し」は、和解の基本的な方策として身につけておくこと

このような紛争解決規範を使うと、交渉に自信を持つことができるので、筋の通った道が拓けてくるものである。そして、協調の軌道に乗ったときに、次に取り組むべきことは、協調を持続し、目的を達成するための技術と条件づくりということになる。

12…新しく生まれる規範、新たに発見される規範、新たに創造される規範

　これまで、さまざまな紛争解決規範を列挙した。ここにあげた紛争解決規範の他にも、俚諺、格言、名言など、いろいろな紛争解決規範が存在する。このように言うと、聞く人によっては、手当たり次第に使えるものは何でも使えと言っているに過ぎない、と聞こえるかもしれない。事実、紛争解決規範は、手当たり次第に何でも使え、というのが和解のコツ**⓬**（→74頁）で示したとおり私の考えである。

　しかし、現存する紛争解決規範を使えばすべての紛争が解決するかと言えば、そうではない。まだ何か足りないのである。何が足りないのかと言うと、まさに今生まれようとしている規範、ようやく発見されようとしている規範、これから創り、育ててゆかなければならない規範があり、そういうものを紛争解決規範に仕立てて使わないと解決しない紛争が、世の中にはたくさんあるのである。

　したがって、まさに今生まれようとしている規範に目をつぶり、ようやく発見されようとしている規範を見逃し、新たに創造されなければならない規範をつぶしてしまったら、紛争解決の重要な鍵を捨ててしまうことになる。そして、これらの新しい規範は、地下から地上に噴き出てくる泉のようなものであるから、紛争解決規範の根源というべきものなのである。

　このことに関連して、合意について考察しておかなければならない。

合意を紛争解決規範として使う

　合意は、新たに生まれようとしている規範を生まれた規範とし、新たに発見されようとしている規範を発見された規範とし、新たに創造されようとしている規範を創造された規範とする作業を成し遂げる有用な立役者で

あって、いわば胎児を取りあげる産婆のようなものである。

　もともと近代私法における「法」は、合意を契機にして生まれるものである。何らの合意もなく、降って湧いたように生まれるものではない。独裁体制のもとでつくられる法にはそのようなものがあるが、それは正当性が乏しく、長続きするものではない。ましてそのようなものは、紛争解決規範として使用に耐えない。したがって、もともと法は、合意によって世に出され、発見され、創造されたものなのである。すなわち、合意こそ原初的な紛争解決規範なのである。

　このように考えると、合意が紛争解決規範の1つであることが明白になる。これに対して、単なる当事者間の合意が紛争解決規範になると考えることは、勝手に紛争解決規範をつくることを容認するものであって、そのような考えはおかしいという反論を受けるかもしれない。しかし、私はすべての合意が紛争解決規範になると言っているのではない。紛争解決規範として使うことができる合意は、合意以外の紛争解決規範と同様に、公序良俗に反するものであってはならないし、また、他の規範との間に整合性を持っているものでなければならない。

　そしてまた、判例や裁判上の和解・調停・仲裁の解決例と同様に、先例的価値があるものに限られる。これは、普遍性と汎用性の問題になるが、先例的価値がある合意を使用することによって、同種の紛争には同種の合意を取りつけることが可能になる。そして、そのような合意は、相対交渉の場で使われるだけでなく、裁判上の和解や調停や仲裁の場でも使用可能になる。

　このような新しい紛争解決規範は、誰かの胸のうちに暖められていて、長い間使用されないことがあるが（前述の付帯条件つき最終提案仲裁は、私の胸に約2年間暖められていて、使用する機会を待っていた）、多くの場合は、紛争の局面で妥当な紛争解決規範がないときに、突如生まれたり、発見されたり、創造されたりするものである。したがって、即座に、その場で使用することになるが、そのときには、まるで生まれたての赤ん坊に活躍してもらうような感覚になる。そのような例を、1つあげておくことにしたい。

新しい紛争解決規範を創って使用した事例

　住宅地の真ん中にマンションを建築する計画が立てられたが、近隣住民が騒いで反対同盟を結成した。マンション建築敷地（図の斜線部分）と近隣住民の住居（図のア〜ト）は、次頁のとおりである。

●図10　マンション建築敷地と近隣住民の住居

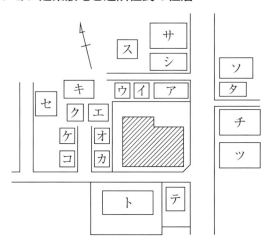

　建築主＝業者の当初の計画では、ここに地下駐車場つきの5階建のマンションを建築するということであったが、反対同盟の人々の一致した要望は、5階部分を削り、地下駐車場をつくらないようにすることであった。すなわち、地下駐車場なしの4階建のマンションに設計変更せよ、というのが反対同盟の人々の統一した意思であり、全体の目標であった。
　ところが、全体の問題とは別に、個々の住民がマンション建設によって受ける被害がある。その主要なものは日照権侵害であるが、その他に、電波障害、風害、工事中の騒音などがあり、場合によっては、井戸の枯渇、地盤沈下なども予想される。また、隣にマンションが建つことによる圧迫感、地価の下落なども無視できない。このような被害は、個々の住民の建物の位置、大きさ、間取りなどによって相違があるので、個々の住民がど

のような補償をしてもらう必要があるのかということは、はじめから大きな問題だったのである。

　マンション建築に伴う業者と反対同盟の抗争は、それ自体ダイナミックなものであるが、反対同盟の要望の中に、全体としての目標と個々の人々との要求が混ざっているので、いっそうダイナミックな動きをするものである。そして、反対同盟の全体の目標を達成しようとすれば、団体としての結束を強固にする必要がある。業者は特定の人だけに有利な条件を示して反対同盟を分裂させようとするが、そのような一本釣りに乗って抜け駆けをしようとする人がいると、反対同盟は体をなさなくなり、全体の目標は達成できない。そして一般的に言えば、団体としての結束が強ければ強いほど、業者との間で補償金の額が決めやすくなるし、トータルの額も高くなるものである。

　さて、私は反対同盟から相談を受け、その代理人になった。そのとき反対同盟の人々に、絶対に抜け駆けをしないことを約束してもらった。

　交渉がはじまり、私は、5階部分と地下駐車場を削れという方向で、徹底的に業者とわたりあった。その結果、業者が5階部分と地下駐車場を削ることを約束し、反対同盟の全体の目標は達成された。その交渉の終わり際に補償金の交渉に入り、結局補償金はトータルで700万円と決定した。

　さあ、それからが問題である。一体、この700万円をどのように分けるのか。これがこのテーマの主題である。

　700万円を近隣20名でどのように分けるか、そのことを会議の席で議題にしても、2、3の人が小当たりに発言するだけで、あとは皆黙り込んでしまう。つまり、言葉が消えてしまうのである。

　しばらく沈黙が続いて、何となく嫌な気分が漂ってくる。人々の胸の中には、「こんなはずではなかった」という思いと、「一体どのように分けるのか」という興味とが交錯しているのであろう。しかし、うっかり発言して欲張りだと思われるのも嫌だし、さりとて自分の権利を人に差し出すのも嫌なのだ。

　ややあって、そのような空気を打ち破るように、1人の男性が「先生に全面的に任せましょう」と大きな声を出し、皆がこれに賛成した。

こうして、賽は私に投げられたが、では、私はどうしたらよいのであろうか。
　ここで問題点を抽出し、なすべきことを探してみよう。
　第1に、和解システムは言葉の体系であるが、この事案では、当事者から言葉が出なくなってしまった。では、言葉が無くなってしまったのかと言えば、そうではない。皆の胸の中には、言葉がたくさん詰まっているはずである。そうだとすれば、当事者から言葉を引き出す方法を考えればよいということになる。しかし、会議の席では言葉が出てこないだろう。それでは、私が1人ずつに意見や要望を聞くのはどうだろうか。その方法は私が情報を操作することができるので、公正さが疑われる可能性がある。では、他によい方法はあるのか。
　第2に、このような場合に、補償金を分配する紛争解決規範があるのだろうか。例えば、頭数で割れとか、日照権侵害を受ける人と受けない人の割合を5対1にせよなどという規範はない。それでは、何か客観的な基準はあるだろうか。冬至の日の日影図から時間当たりいくらと割り出す方法が考えられるが、日照権に影響を受けるのは冬至の日ばかりではない。また、日陰になる家の間取りや、窓の位置や、家族構成によっても影響はさまざまである。さらに、予想される被害は、前述のとおり、電波障害などいろいろある。したがって、公正で客観的な基準は見当たらない。そうだとすれば、適切な紛争解決規範はないということになる。では、新たな紛争解決規範をこの場で創造するしかないのだろうか。
　第3に、「先生に任せます」と言われた以上、私が分配額を決めればよいのだろうか。しかし、補償金の合計額が700万円ということは、甲の額が多くなれば乙の額が少なくなる関係になるので、双方代理（民法108条）になってしまう。したがって、私が分配額を決定することはできないことになるが、この双方代理を禁ずる法規範は、私の行動を制約する消極的な紛争解決規範として、また、私にヒントを与えてくれる紛争解決規範として機能しているのである。その制約とヒントによって、私ができることは分配方法の手続を提案することであることが分かってきた。しかし、このような分配は、利害が複雑に絡んでいるので（例えば、甲だけが多額な分

配を受けると、乙にも、丙にも、丁にも……影響を及ぼす)、皆が納得する、公正で、強力な手続が必要であろう。それならば、20人全員の合意を一気に引き出す手続的な紛争解決規範を創造するのが一番よい。

　このように、問題点を抽出し、なすべきことを模索している過程を述べると、解決の道筋が見えるまでに相当の時間がかかったように思われるかもしれないが、そうではない。「皆から言葉を引き出そう」「客観的な基準はない」「双方代理はできない」「全員の合意を取りつける手続をつくろう」という言葉が私の頭に中に玉突きのように出てきて、「先生に全面的に任せましょう」と言われた日の帰りに靴を履くときには、私の頭の中で構想ができあがっていたのである。

　要するに、第1から第3までの問題点を同時に解決する方法が発見されればよいのである。

　私は、次の会議の日に、全員に1枚ずつ紙を配った。そして、

　「皆さん、この紙には、左の隅に全員の名前が1列に書いてあります。今、700万円をどのように分けるのかが問題ですが、1人ずつ、その分け方について、数字を入れていってください。その書き方は自由です。何も書いていない封筒を渡しておきますので、書いたものを中に入れ、封をして、次に会うときに、私に渡してください。紙には、署名をしても、しなくてもけっこうです。また、ただ数字を書くだけでもよいし、理由や意見を書いてもよい。もちろん、誰かと相談して書いてもよいし、自分だけで書いてもよい。とにかく存分に自由に書いてください。私は、それを誰にも見せないで、私だけが読んで、皆で議論したら多分こういうところに落ち着くのではないだろうかということを読み取って、それでは、こうしたらどうですか、という案を出します。私は、皆さんから相談を受けている立場上、私が決めてしまうのは問題があります。それで、立案者になることにし、最終的には、皆さんが決めてください。それから、皆さんからいただいた答えは、全部まとめて封をして、絶対に外には出さないことにします。ただし、全員が一致して公開せよ、と言うのなら、そのときだけ、全員の前で公開することにします」と言った。

　「そいつはいいや！」と誰かが叫んだ。皆、ガヤガヤと笑い声を立てる。

こうして、新しい紛争解決規範が生まれ、即座に使用された。
　20人の人々は、たった1枚の紙に存分に意見を書いてくれた。1枚の紙が、見事に豊富な言葉を引き出してくれたのである。その言葉を冷静にかみ合わせると、議論をしたのとそれほど違いのない程度の結論が見えてくるものである。
　私は、20人が出した数値を整理し、そこから大勢が日照権侵害を重く見るべきだという意見であることを読み取って、①冬至地盤面においてマンションの影が3時間以上直接落ちるグループ（アイウエオ）、②冬至地盤面において図面上マンションの影が2時間以上落ち、かつ直接窓に影が落ちるグループ（カキク）、③その他のグループ（ケ〜ト）に分けた。そして、グループごとに算出方法を変えたうえで、それぞれの人に対する全員の意見（数値）の平均値と中央値などから各人に対する分配案を算出し、それを「分配案の策定について」という書面にまとめて全員に配布した。つまり私は、近隣住民の人々が書いた意見を読み取って、紙上のディスカッションをたたかわせ、案を出しただけである。
　さて、決定権は住民の人々にある。しかし、評議は1分もかからなかった。
　「これはいい。これでいきましょう」「賛成」「賛成」
　――これにて一件落着。
　そこで、次のようなコツを述べて、和解には無限の可能性があることを強調しておくことにする。

 紛争解決規範がないときには、新たな紛争解決規範を創造して、その場で使用すること

1　この判決をした倉田卓次裁判官自身も、「裁判実務への影響としても、同趣の判決例もないではないが、明示的にこの理論を排した判決例も目立つ。私はまた、複合的な貸金請求の事案において、心証に応じて65％を容認するという判決もしたが、類似の判決を見たことはない。こういう消極的な姿勢は結局、証明論の根本命題としての要件事実認定の悉無律を疑う私の議論自体が暴論と見えたからであろう」と言われている（倉田卓次「確率的心証と認定の悉無律」（『民事実務と証明論』日本評論社、1987年）291頁）
2　例えば、前掲書草野芳郎『和解技術論』には、裁判上の和解の事例が多く書かれている。
3　廣田尚久『不動産賃貸借の危機──土地問題へのもうひとつの視点』（日本経済新聞社、1991年）53頁～88頁。なお、この本を書く契機になった事件は、私が代理人として担当した東京地方裁判所平成3年5月30日判決、判例時報1395号81頁・判例タイムズ757号255頁。
4　例えば、川島武宜・潮見俊隆・渡辺洋三編『温泉権の研究』（勁草書房、1964年）、同『続温泉権の研究』（勁草書房、1980年）、川島武宜『温泉権』（岩波書店、1994年）。
5　廣田尚久「川島先生と私」「川島武宜先生を偲ぶ」編集委員会編『川島武宜先生を偲ぶ』（日本評論社、1994年）286頁、木暮金太夫「川島先生を偲んで」（同書）291頁。
6　棚瀬孝雄「不法行為責任の道徳的基礎」『ジュリスト』987号68頁
7　ロバート・D・クーター、トーマス・S・ユーレン著・太田勝造訳『法と経済学』（商事法務研究会、1990年）5頁
8　同書13頁
9　同書13頁
10　鈴木光男『ゲーム理論の世界』（勁草書房、1999年）4頁
11　同書5頁
12　ロバート・アクセルロッド著・松田裕之訳『つきあい方の科学──バクテリアから国際関係まで』（ＨＢＪ出版局、1987年）

3章

和解に取り組む前の心構え

1 紛争当事者の脳内状態

　和解システムの仕様書や紛争解決規範のことが分かったことによって、和解に対する理解が深まったと思われるが、それでは実際にどのようにして和解するのかということが、次に問題になるだろう。そこで、和解の仕方にとりかかることになるが、和解に取り組む前に頭に入れておかなければならない問題がいくつかある。そこで、この章では、和解に取り組む前の心構えをまとめておくことにする。

紛争当事者の脳の活動

　繰り返しになるが、和解とは、争いをやめて仲直りすることである。その争いのうち最も激しいものは、個人対個人、個人対団体（たとえば会社）、団体対団体であれば訴訟で、国家と国家であれば戦争だろう。戦争はさておくとして、訴訟にはならなくても、争いともなれば、その当事者は心の中で激しい葛藤が起こるものである。

　すなわち、紛争当事者の心は、相手方に対する憎しみ、怒り、嫌悪、不快感などによって乱れに乱れている。また、争いのために襲ってくる将来の不安や経済的心配などで苦しんでいる。そして、相手方に対する攻撃性を高めてゆく。それが非常に不幸な状態であることが分かっていても、相手方と仲直りする気持ちにはなかなかなれないものである。

　そのような情動的・心理的ストレスは、脳の活動と関係がある。すなわち、怒り、嫌悪、恐怖、不安などによって、大脳辺縁系の扁桃体が興奮する。さらに切羽詰まると脳幹にあるPAG（中脳水道周囲灰白質）が活動して、相手方を攻撃せよという命令を出す。このPAGはトカゲでも持っている原始的な脳だが、PAGの活動は一過性なので、ずっと活動し続けることはない。扁桃体は慢性的に活動することが可能なので不安は持続す

るが、怒りとか攻撃性は一過性なので、たいていはそのうちに収まるものである[1]。

このことから明らかなのは、PAGが活発に活動しているときには、和解のスタートラインに立つことができないということである。しかし、PAGの活動は一過性だから、怒りや攻撃性が収まるまで静かに待つことが肝要である。

和解をするときには、その前提としてPAGの活動を鎮めることが条件になる。しかし、その前提条件を十分に整えてから和解に入らなければならないとするならば、なかなか協議に入ることはできない。前提条件が完全には整っていなくても、とりあえず和解協議に入り、相手方とのやりとりをしながら条件を整えてゆくというやり方もできないことではない。また、相手方とのやりとりをしているうちに、怒りや攻撃性が鎮まってゆくこともある。

相手方に対する怒りがあっても、あるときは怒りを抑え、あるときは相手方に怒りをぶつけながら、そして、相手方の反応を見ながら協議をすすめ、一進一退を繰り返しながら相互理解を深め、利害を調整し、和解をすすめることはよくあることであり、また、和解を成立させるためには必要なことである。そこにこそ、和解の妙味があると言ってもよいと思う。

そして、和解は、言葉のやりとりによって進行する。

相手方から言葉を受け取ると、ヒトは脳の中で、さまざまな反応を起こす。

大脳辺縁系は快・不快、怒り、恐怖、喜びなどの情動を司る領域であるが、言葉を受け取ると、この大脳辺縁系が刺激される。また、脳の中の大脳皮質の容積の３分の１を占めるのは、大脳前方（顔面側）の前頭葉であるが、そこは思考や判断など高度な知的活動の中枢である。そして、ヒトでよく発達し、高度機能を司るのが、前頭葉にある前頭連合野だが、ここは目標を設定して計画を立て、論理的で順序立った効率的な行動を起こすという、他の動物にない極めて高次な活動を担っていて、一部には、性格や社会性、感情表出などに関わる領域もある[2]。

したがって、言葉を受け取った相手方が、大脳辺縁系で快あるいは喜び

などの好ましい情動を起こし、前頭葉で論理的に理解した状態になると、和解は進展する。したがって、次のようなことが必要となる。

和解に取り組む前に、脳の活動を認識したうえで、できるだけ怒りや攻撃性を鎮め、嫌悪、不快感、不安をとりあえず括弧の中にくくり、あるいは和解によってこれらの感情を解決するのだと自分に言い聞かせ、理性によって解決を目指そうという状態に心を整えること

しかしこれは、怒りなどの原始的な脳によって引き戻されるので、たいへん難しいことであるが、100パーセント整えることができなくても、とにかく和解の進行に従いながら整えようという気持ちになって、まずはスタートラインに立ってみようと思うことである。

2 当事者が持っている条件

1…当事者が持っている諸条件を押さえることの重要性

　和解が成立して仲直りすれば、怒りや不安などが消え去り、幸せな気持ちになることは、誰でも知っていることだと思う。和解の内容が必ずしも満足のゆくものでなくても、人は、和解したこと自体に心理的な安らぎを得て、仲直りのよさを自覚するものである。また、世の中に争いが蔓延してギスギスするよりも、和解が広まって、落ち着いた平和な社会を築く方がよいことも理解されていると思う。

　しかし、紛争当事者は、仲直りして和解しようと考えている段階では、必ずしもそのような崇高な幸福や平和な社会を構想するわけではない。すなわち、和解の動機は、もっと現実的で多様である。例えば、紛争の渦中にあることが苦しくて耐えられないからとか、和解する方が自分自身の経済的利益になるだろうとか、和解すればそれなりの満足を得る見込みがあるとか、訴訟で争えば負けるだろうが和解なら多少の成果があるだろうとか、相手方の立場も理解できるとか、とりあえず相手方の言い分を聞いてから対応しようとか、相手方と今後も友好的な関係を結びたいと思うこととか、相手方との継続的な取引を続けたいとか、その他さまざまな理由づけをして、和解をしようという気持ちになるのである。

　このときに重要な要素となるのは、当事者が持っている諸条件である。当事者が持っている諸条件は、非常に複雑で多様性なので、ひと括りにして論ずることはできないが、ここでは、当事者が和解のスタートにつこうとしているときに、押さえておくべきポイントをひと通り概観しておきたいと思う。なぜそのようなことが必要かといえば、当事者が持っている諸条件の中から紛争が発生しているからである。そして、諸条件のポイント

を押さえることによって、和解の道筋が見えてくるからである。

　さて、当事者が「今ここにいる」ということは、1つは、内的条件を抱えているということである。それは、その当事者の生物的条件、ヒトという生き物として自分の内側に持っているものである。

　もう1つは、時間の制約を受けているということである。これは、時間的条件、いわば歴史的条件と言ってよいだろう。

　当事者が「今ここにいる」ということは、時間的条件を担っているばかりでなく、空間的にもここにいること、すなわち、社会的存在としてここにいるということである。そして、紛争の渦中にいるということは、社会的条件によって制約を受けていることに他ならない。これがもう1つの条件である。

　そこで、当事者が抱えている内的条件（生物的条件）、時間的条件（歴史的条件）、空間的条件（社会的条件）のポイントを見ておきたいと思う。

2…内的条件（生物的条件）

　当事者が持っている内的条件（生物的条件）は、大きく分けてフィジカル（物理的）な肉体的条件と、メンタル（心理的）な心の条件に分かれる。

　フィジカルな条件は、例えば医療過誤事件を解決する過程では、その当事者の健康状態、アレルギー反応や慢性疾患の有無などというところに顕在化してくる。したがって、和解のときには、これらの条件が問題になるだろうから、たんねんに事実を洗い出すことが必要になる。当事者は、その覚悟を持って和解に臨む必要がある。

　フィジカルな条件ほどには目立たないが、和解の過程で重要なのは、メンタルな心の条件である。

　だいいち、紛争に対する認識自体に、その人の心の在り方があらわれる。敏感な人は、ささいな言葉のやりとりだけで紛争と認識するが、鈍感な人は、誰が見ても紛争のさなかにある状態になっても、紛争と感じないものである。また、鈍感でなくても、ある種の達観をもって紛争を紛争と扱わない人もいる。

このように、当事者の心の条件、そのうちの「性格」ひとつをとってみても、紛争はそれによって大きく左右される。

　人の性格は、紛争のタイプや程度を決めるが、それだけでなく、和解のプロセスにさまざまなバリエーションをもたらす。人の性格は権威主義的パーソナリティと協調的パーソナリティに分けられるが、権威主義的な人だと妥協せずに勝負にこだわり、協調的な人だと和解の道を探すのが一般的な傾向だと言えだろう。

　メンタルな条件のうち、その当事者の価値観に着目することも忘れてはならないと思う。価値観の相違ということは、ただそれだけで十分に紛争の条件を備える。したがって、和解のプロセスにおいては、双方の当事者の価値観を点検し、相異があればそのすり合わせの可能性を模索する必要があるので、和解のスタートラインに立つときには、価値観を問われる場合もあることを認識する必要がある。

　当事者の内的条件を考える場合には、潜在意識や無意識をも考慮しなければならない。前にも述べたとおり、近代法は自由意思を前提として構築されているので、訴訟では、潜在意識や無意識の問題は切り捨てられる扱いを受けている。しかし、紛争の原因は、自由意思という心の働きよりずっと奥深い潜在意識や無意識の深層に存在することが多い。そのような紛争について潜在意識や無意識の問題を考慮せず、自由意思を振り廻して解決しようとしても、うまく解決できない。すなわち、紛争の中には深層心理の中にその原因も解決の鍵もあることが多いから、当事者の潜在意識層や無意識層を含めた内的条件に光を当ててその鍵を探すことが、和解の必須の作業になる。このことについては、前述したワキガ（腋臭）のために離婚を求められた実例が参考になると思う。

3…時間的条件（歴史的条件）

　当事者が持っている時間的条件、いわば歴史的条件について考えてみよう。

　当事者は、紛争を抱えて今ここにいる。しかし、その紛争が起った原因

は過去にある。そして、その原因は、はっきりこれと特定できるものもあれば、何が原因なのか分からないこともある。しかも、原因と原因が絡み合って、それを解明することが困難なケースも少なくない。さらに、当事者の意識のうえでは過去のある事実が原因だと思っていても、本当はさらに遠い過去に原因があることもある。いずれにせよ、紛争が起った以上、その内容を把握するためにも、和解の糸口を探すためにも、原因を究明することは不可欠な作業であり、そのためには、時間的に過去に遡って、事実を調べる必要がある。

　しかし、当事者は、過去から来てここにいるだけではない。言うまでもなく、将来に向かって歩み続けるのである。すなわち、当事者は、過去からずっと来て、今ここにいて、さらに将来に向かって行こうとしているのである。そして、過去に原因のある今の紛争が、将来の運命を決めるという状態で、今ここにいるのである。

　当事者は、時間の流れの中に身を置いており、その時間は途中で切ることはできない。そして、当事者が紛争の渦中にあるということは、やや大袈裟だと思われるかもしれないが、歴史的存在として人間が担っている諸条件によって規定されているのである。それと同時に、過去、現在、将来の歴史的な諸条件の中に、和解の鍵が存在しているのである。

　紛争の中には、当事者という個体に歴史的条件がまつわりついていて、切ることができない状態になっているものがあり、そういう紛争は、時間的条件を追って解きほぐしてゆかなければ和解の道を拓くことは困難である。民族的な紛争の多くはこのような歴史的条件が大きくのしかかっているものだが、そのような大規模な紛争でなく、身近な紛争の中にも、同じような色彩を持ったものがある。例えば、離婚の事件は、夫と妻の生育歴に原因があることが多い。その多くは、夫と妻のそれぞれの祖先に起因しているのだろう。そして、離婚後の生活設計や子どもの将来などをどう読むかが和解の鍵になる。

　このように当事者が持っている時間的条件（歴史的条件）を念頭に置いたうえで、いよいよ和解のスタートラインに立とうとするときには、次のような要領を心掛けることが肝要だと思う。

第1は、和解のタイミングである。

　時間は、過去から現在にやって来て、将来に向かって絶え間なく続くのだから、現在はすぐに過去になり、将来はすぐに現在になる。したがって、最も利益になる絶妙なタイミングで和解をやり遂げたいものだ。今受け取る100万円が命を救うことがあるが、タイミングを外した200万円が何の役にも立たないことがある。したがって、過去にとらわれていてタイミングを逃すことは危険である。だからと言って急いで100万円を受け取ったために大損することもある。いずれにせよ、タイミングを選んで和解のスタートラインに立つことが大切である。

　第2は、過去の事実の究明は、「今」をスタートとすることである。

　なぜならば、紛争は「今ここで」起っているのであり、当事者は今ここで起っている紛争を何とか解決をしなければならないと切実に考えているので、今を起点として過去、現在、将来を見ることによって、必要な事実や情報を的確に掌握することができるからである。過去の事実は非常に多岐にわたるから、過去からスタートすることは、スタートの地点自体が分かりにくく、とうてい「今」のところまで辿りつかないことが多い。それでは、とうてい的確な和解を望むことはできない。

　第3は、将来構想を織り込むことである。

　「今」からスタートして、近い過去から順次遠い過去に遡り、原因が判明したら、そこでトンと手を突いてターンし、現在に戻ってきて、現在まで戻ったその勢いで未来に突き進む。その未来の時点の生活設計や事業計画などの将来構想をつくり、それを抱え持って現在に戻る。そして、その将来構想を織り込んで、「今ここで」和解を成立させる。

　和解のスタートを切る前に、和解の時間的条件（歴史的条件）は、以上のようなものであるということを、心に刻み込んでおくことが必要だと思う。

4…空間的条件（社会的条件）

　当事者が持っている社会的条件について考えてみたい。

ひと口に社会的条件と言っても、そこにはいろいろなものがある。その中で最も重要なものは経済的条件である。大半の紛争は、経済的な原因によって発生し、経済的なやりとりを軸にして解決する。和解をするときも同様である。すなわち、金銭を巡る綱引きが和解プロセスの中で大きな位置を占める。

　また、紛争は、大なり小なり生きるか死ぬかを賭けるという要素を持っている。紛争に直面したとき、人は死を垣間見ることがある。また、企業は倒産や信用失墜の危機を感じたりすることが少なくない。したがって、紛争に直面したときには、それが一見経済問題には関係がないように見えても、当事者が置かれている経済的な条件を必ず点検しなければならない。

　個々の紛争を和解によって解決しようとするときには、経済的条件を考慮せずに和解をやり遂げることは不可能であると、よくよく肝に銘じておく必要がある。すなわち、よい和解は、必ず経済的な安心感が得られるような裏打ちがなされているものである。逆に、経済的破壊を伴うものは、和解の名に値しない。

　したがって、和解のスタートを切ろうというときには、和解によってどのような経済的なメリットとデメリットが生じるかを、予め検討しておく必要がある。そして、計量ができるものであれば、数字を入れて計算をしておくことが有効である。もとより、和解には相手方があるから、相手方の出方によって数字が変わることは避けられない。しかし、ある程度の幅をもって計算しておけば、和解プロセスに入ったあとでそれが役に立つ。この場合、その計算は相手方とのやり取りだけで算出されるものとは限らない。例えば、離婚事件で財産分与として妻に不動産を渡す場合には、夫に譲渡所得税がかかるから、その税額を計算しておかなければ夫に予期せぬ出費が強いられる。したがって、そのような事態を考慮に入れて和解をすすめることが必要である。

　しかし、当事者が持っている社会的条件は、経済的条件に限らず、まだまだたくさんある。例えば、名誉や地位に関わる社会的条件がある。それらの社会的条件の中には、経済的条件に還元できるものもある。また、経済的条件以外の社会的条件であると同時に、経済的条件でもあるというも

のもある。

　いずれにせよ、和解のスタートラインに立つときには、経済的条件をはじめとする社会的条件を冷静に読んだうえで、和解によってどのような成果が得られるかを検討しておく必要がある。

　以上のように考察をすすめてくると、和解のスタートラインに立ったときには、次のことが必須だと思う。

当事者が持っている内的条件（生物的条件）、時間的条件（歴史的条件）、空間的条件（社会的条件）を、広い視野と深い洞察をもって、予め頭に叩き込んでおくこと

　とうてい脳幹のPAGを興奮させている場合ではない。扁桃体に多少の不安が残っていても、和解に踏み切ることによって解決するだと意を決し、当事者が持っている諸条件を理性の力で見極めることが肝要だと考える。

3 言葉という道具

　和解をするためには、具体的な行動を起さなければならない。また、相手方があることだから、道具を何も使わないで和解をすることはほとんど不可能である。
　和解の道具は何か、ひと言で答えよ、と問われたら、私は躊躇なく「言葉」であると答える。
　そこで、和解のための道具としての言葉の性質に注目したいと思う。なお、ここで言う「言葉」とは、単語だけでなく、複数の単語で組み立てられた「文章」をも含めることにする。

1…言葉と真偽

　第1に、言葉のうえでは、どのようなことでも言えるということである。
　例えば、「明日、太陽の引力によって月が引っ張られ、太陽に吸収されて月がなくなる」ということは、言葉のうえで言うことは簡単だ。この言説については、現在の天文学によってあり得ないことは証明できるだろう。それに、明日1日が過ぎれば真偽が分かることもある。では、「明日」を「150年後」に置き換えたらどうだろうか。これも天文学によって真偽を論ずることはできるだろうが、今ここにいる人々には真偽を経験することはできない。真偽を経験することができないのに、言葉のうえでは成り立つという性質は、和解の局面でしばしば利用されるから、細心の注意が必要である。
　第2に、このことに関連するが、虚の言説に強制力をつけ加えると、当面は真実として扱われることである。また、言葉には強制力、あるいはそれに類する力を呼び寄せる性質がある。天動説はそのような力によって守

護されていたために、長い間人類にとっては真実だった。

　この第1と第2の性質は、いかにも馬鹿馬鹿しいもののように見えるが、和解の局面では、しばしば臆面もなく利用される。すなわち、虚を実にし、偽を真にするためにさまざまな言説が用いられる。しかし、虚や偽の上に楼閣を築いても、真の意味の解決はできない。したがって、第1、第2の虚偽性、欺瞞性を暴いて、よりよい解決に導かなければならない。その虚偽性、欺瞞性を暴く道具としても言葉が使用される。この虚偽性、欺瞞性を暴く道具としての性質が、言葉の性質の第3である。

　言葉は虚偽性、欺瞞性を暴く性質を持っているので、言葉が虚実、真偽を見極める道具として使用される。例えば、20年前に土地の貸主である地主と借主である借地人が土地賃貸借契約を更新し、更新契約を締結したケースがある。20年経って、次回の更新契約をするかどうかが問題になり、地主は、前回の更新の際の詳細な言葉のやりとりを並べて、次回は更新しないと口頭で契約したと主張した。借地人としては、この嘘を暴く必要があるが、どのようにして嘘を暴くのだろうか。

　まず、もし地主の主張が真実ならば、前回の更新のときになぜ次回は更新しないと更新契約書に明文で書き込まなかったのかと、地主の主張の弱点を突く。次に、次回には更新しないというほどの重要な事項を、借地人が口頭で約束するはずはないと経験則を持ち出す。さらに、20年前の詳細な言葉のやりとりを記憶しているはずはないと主張し、場合によっては、人間の記憶力についての研究論文を引用する。これらはすべて、言葉を使って地主の嘘を暴く作業である。

2…言葉の中の評価的意味

　第4に、和解のプロセスにおいては、一定の言説に対して、言説の中に評価的な意味が込められるか、評価的な意味が込められていると思われることが頻繁に起こる。評価的な意味が込められているというのは、ある事象を説明するときに、正しいとか、間違っているとかの価値評価が付加されているということである。例えば、遺産分割の協議をしているときに、

妹が、「兄さんは、お父さんの預金をおろして勝手に使った」という言葉を使ったとする。この言葉の中には、明らかに兄の行動は正しくないという評価的な意味が込められている。この言葉を聞いた兄が、激しく反発をすることは必定である。このように、評価的な意味が込められている言葉は、誤解を生んだり、感情的な反発を呼び起こしたりすることが多い。和解の局面でこれらのことを放っておくと、いつまでも尾を引いて和解は進展しない。和解を目指すのであれば、評価的な意味が込められている言葉を控え、より中性的（ニュートラル）な言葉を道具として使用する必要がある。

　第5に、和解のための道具として、よい言葉とよくない言葉があることは否定できない。すなわち、性質の良し悪しは言葉にも存在する。和解の局面においては、おおよそのところ、事実によって検証することができる言説がよい言葉で、事実によって検証できない言説がよくない言葉であると言えるだろう。なお、この性質には当然程度の差があり、また、同じ言葉でも使用される場面によって良し悪しが変化することがある。

3…説得力

　第6に、言葉は力を持っている。言葉が動態にあるときには、その力はエネルギーになる。和解の局面において、言葉が持つ力、エネルギーのうちで大切なのは「説得力」である。その説得力は、事実による裏づけがしっかりしていればいるほど強いものになる。そしてその事実も言葉によって語られる。

　では、どうすれば説得力を増すことができるのだろうか。

　説得力というのは、相手方の納得を引き出す力ということに他ならない。説得力を増す方法についてはコミュニケーション論などで説かれているが、和解を目指すための説得力ということに限定すれば、まず、虚偽性や欺瞞性を排除することである。嘘をついたり、騙したりしたら、和解はできないと肝に銘じておくことが必要である。

　次に、できるだけ評価的な意味を込めた言葉を使わないことである。紛

争を構成している事実や使用する紛争解決規範をミクロ化すると、言葉は評価的な意味が削ぎ落とされて、中性化(ニュートラル化)されてゆく。そこで出てきた言葉が説得力を増して、和解に到達することができる。

　和解のプロセスを現象的にとらえるならば、それは、言葉のやりとりだと言えるだろう。すぐれた和解は、道具としての言葉を十全に生かして使う能力によって導かれる。したがって、これが重要なポイントになると思う。

言葉の道具としての性質をよく知ったうえで、当該のケースにふさわしい最も的確な言葉を使うことを心掛け、とくに評価的な意味を込めた言葉をできるだけ使わないこと

1　池谷裕二・鈴木仁志『和解する脳』(講談社、2010年) 59頁
2　坂井建雄・久光正『ぜんぶわかる　脳の事典』(成美堂出版、2011年) 35頁

4章 和解を成功させる方法

1 和解の技術について

和解をやり遂げる方法

　では、いったいどのようにして和解をすすめればよいのだろうか。どうすれば到達点の高い和解をやり遂げることができるのだろうか。その方法を、この章で考えてみたいと思う。

　和解をやり遂げる方法といえば、すぐに思い浮かぶのは、「和解の技術」という言葉だろう。その和解の技術に関して、最近ではアメリカの調停技術などが紹介されている。たとえば、その技術の1つとして、相手方から受けた言葉をリフレイン（オウム返し）することが相手方との信頼関係を醸成すると説かれている。確かに、和解をすすめるときに、相手方の言葉をリフレインすることは有用な技術である。しかし、和解の最中に、リフレインのようなマニュアル的な技術を頼りにすると、相手方から真意が伝わっていないと思われて、かえって不信を招くことがある。リフレインのような細々とした技術が役に立つのは時と場合による。

　そのような細かい技術よりも、和解の論理構造、紛争解決規範などという和解の基本を知り尽くして、それを徹底的に身につける方がよい。それさえ身につけておけば、細かい技術は、自然に使うことができる。リフレインなどの細々とした技術は、意識しなくても、必要に応じて繰り出すことができるようになる。

　私は、和解の基本を知り尽くして、それを徹底的に身につけておき、和解の現場に望んだときに、それまでに蓄積した経験と知識を臨機応変に駆使するのが望ましいあり方だと思っている。

　これに関連して、私が日本経済新聞に書いたコラムを引用しておきたい。

——学生時代から剣道を続けている友人に会ったとき、私は「剣道は動きが激しいけれど、歳をとっても上達するの？」と尋ねてみた。この愚問に対して、友人は「剣は歳をとるほど上達するものなんだよ。身体は動かなくてもね」と言って面白い話を聞かせてくれた。
　ある剣士が、達人の誉れの高い老師から竹刀を賜った。大事な試合でその竹刀を使ったところ、面を打った瞬間に折れてしまった。落胆した剣士は、老師を訪ねて、「いただいた竹刀は、折れてしまいました」と深々と頭を下げた。「そうか」とうなずいて老師は問う。
　「もしやお前は、あの竹刀で人を打ったのではないか」「はい…」「あれは打つものではないのだ」
　弓にも似たような話がある。中島敦の有名な小説『名人伝』。
　天下第一の弓の名人になろうとした男が、険山の頂（いただき）に住む老師を訪ねて教えを請う。男が空の高く飛び過ぎて行く鳥の群れに向かって矢を放つと、たちまち5羽の大鳥が落ちてきた。
　一通り出来るようじゃな、と老師が穏やかな微笑を含んで言う。だが、それはしょせん射之射というもの、好漢いまだ不射之射を知らぬと見える。では射というものを御目にかけようかな、老師は言い、危石の上に乗って、ごま粒ほどに小さく見える鳶（とび）に向かい、素手で、無形の弓に無形の矢をつがえ、満月のごとくに引き絞ってひょうと放てば、鳶は中空から落ちてくるではないか。
　この話にひどく感銘を受けた私は、大学に入るとすぐに弓を引くことにした。私の腕前はともかくとして。「法」というものも、老師たちの竹刀や不射の射のようなものなのだろう。私も、ようやくそのことが分かるようになった。
　　　　　　　　（平成14年1月30日付け日本経済新聞夕刊「弁護士余録」）

　これは、いかにも極端な話のように聞こえるかもしれないが、技術を論じるのであるとすれば、私は、この『名人伝』の上をゆく話を知らない。名人ならば、道具や技術を使わなくても、ものごとをやり遂げることができる、そしてそれが究極の技術であることを、この話はよく示唆している

と思う。

和解の究極の技術は基本を徹底的に身につけること

　紛争の渦中にあって、苦しみながらも和解に光明を見出したいと期待する人は、まずは和解によって自分の利益や意思を最大限に実現したいと思うものだ。そのような高いレベルの和解を成し遂げるためには、マニュアル的な技術ではとうてい間に合わない。したがって、和解をやり遂げる方法として技術を論ずるのであるならば、逆説的になるが、すべての細かい技術を忘れるほどに、和解の基本を徹底的に自分の身につけることが大切だということになる。

　なお、このコラムでは、「法」というものも老師たちの竹刀や不射の射のようなものだと述べ、法を使用しないことが名人の域であるという表現になっていて、前章でさかんに紛争解決規範を使うことを推奨したことと矛盾しているように聞こえるかもしれないが、和解に取り組むときには、紛争解決規範を忘れるほどに消化しておきたいものだと考えれば、それほどの矛盾はない。

　とは言え、和解をやり遂げるためには、相応の方法というものがある。そこで、私が心がけている方法を、次項以下で申し述べたいと思う。

2 和解をやり遂げる方法

1…人の話をよく聞くこと

これは容易なようで難しい

　まず、人の話をよく聞くことである。
　和解をやり遂げる方法の冒頭に「人の話をよく聞く」などと言われれば、あまりにも平凡で拍子抜けするかもしれない。しかし、「人の話をよく聞く」というのは、半端なことではないのである。
　人の話をよく聞くということは、話の内容を正確に、偏見を持たずに聞くということである。ともすれば弁護士は、当事者が関係のないことばかりを話すと思いがちであり、確かにそのような当事者がいるが、それでも当事者は、その話の中で的確なことを言うものである。したがって、細かいことを聞き逃さないことが肝要である。しかし、ここまでは当然のことであって、この段階はまだ序の口である。
　当事者が何に悩んでいるのか、相手方にどうしてほしいのか、どうすれば納得するのか等々、当事者に詳しく語ってもらって、その話をよく聞くのである。
　弁護士は、クライアントの話をよく聞かなければならないが、自分のクライアントの話を聞くだけでなく、相手方の言うこともよく聞かなければならない。たとえそれが不愉快なことでも、何を言っているのか、正確に偏見を持たずによく聞くことが大切である。ケースによっては、相手方から直接話を聞くことができないときがあるが、周辺の人から間接に伝えられることや、手紙やメールなどのさまざまな資料に基づいて、相手方の話をよく聞くことが必要である。

人の話をよく聞くいくつかの方法

　人の話をよく聞くということにも、いくつかの方法がある。

　まず、ただひたすら聞く、全身全霊を傾けて聞くという方法である。ひたすら話を聞いているうちに、当事者自身が紛争の意味を知り、いろいろな気づきをして、解決方法を見つけてしまうことがある。

　児童文学『モモ』に、円形劇場に住む小さなモモが人の話を聞く才能を持っていて、彼女がただじっと座って注意深く聞いているだけで、激しく争っていた2人の男がその喧嘩の原因に気づいて和解するというエピソードが出てくる[1]。私はこの方法を「モモ方式」と言っているが、これは、和解の1つの理想の姿だと思う。

　しかし、ひたすら人の話を聞くということは、たいへん難しいことである。たいていの人は、話を聞いている最中に、口を挟んだり、意見を言いたくなったりしてしまう。ほとんどの人は、他人の話を聞くことを苦手としていると言ってよいと思う。そのために、外見では聞いているように見えても実際には聞いていないことがあるし、漫然と事情を聞き流していることがある。しかし、漫然と聞くという態度では、かえって不信を招くことになる。真剣に聞いてもらっているか否かは、話をしている方に正確に伝わるものである。ひたすら聞くという意味は、話している人の身になって、いわば全身を耳にして聞くということであるが、そのためには、相当な意思の力が必要である。

　ところが、そのように真剣に話を聞いても、それだけでは解決に繋がってゆかないのが現実の紛争の難しいところである。そこで、さまざまな工夫が必要になってくる。

　深く、さらに深く聞く、ひたすら聞く。ケースによっては祖先の話を聞く。この人の亡くなった母親なら何と言うだろうか。その声に耳をそばだてて聞く。この人の潜在的な欲求は何だろうかと、心の奥に入って聞いてくる。「ききみみずきん」という民話があるが、それをかぶると鳥や木の声が聞こえるというその「ききみみずきん」をかぶっているつもりで、もっと聞こえるはずだと思って耳をそばだてる。

そして、その人の意識下にあるもの、潜在意識や無意識にあるものまでをも聞く。潜在意識や無意識にあるものを聞く方法としては、「あなたが言いたいことは、本当はこういうことではありませんか」と聞き返してみれば、分かることがある。それが出てくると、その先のことを次々に聞くことができて、話に筋道がついてくる。
　また、仮定線を引いて聞くことも効果的である。例えば、アパートを借りている人が貸主から急に家賃を30パーセント値上げすると請求されたとする。そのときに、「大家さんはアパートを売りに出しているのかもしれない。そのために追い出したいのだろう」と仮定線を引いてみて、それに間違いないということになれば、家賃値上げのハードな交渉をすることと、立退料をもらって引っ越すことを秤にかけながら折衝する余裕が出てくる。そしてそのときには、交渉のやり方も変わってくるはずである。
　さらに進んで、透視術に到達すれば最高である。
　透視術と言っても、私は勉強をしたわけではなく、本当の透視術がどんなものか知らないが、深く人の話を聞いているうちに、相手方の姿が目に浮かぶというか、直感で分かることがある。その浮かんできた姿を鍵にして、事実を引き出すように聞いてゆくと、一気にたくさんのことが出てきて、それが解決の手掛かりになる。

人の話を深く聞いたことから解決した事例

　直感の大切さを知るために、1つの例をあげておきたいと思う。
　序章の事例の共有物分割請求事件を解決した後に、私のクライアントの妹の方が、Y地の分割後に土地を売却することになった。そのとき測量図をつくる必要が生じ、姉に印鑑を押してもらわなければならなくなった。そこで私は妹と一緒に、姉が入院している病院を訪問し、印鑑を押してくださいと頼んだ。これは姉が印鑑を押してくれなければ売却できなくなるというかなりきわどい頼みであり、直前まで姉妹は争っていたのだから、ささいなように見えても難しい仕事だった。私がていねいに説明したところ、幸いにして姉はよく理解してくれたが、「どうしても今日はハンコを押せません。書類は預かっておきます」と言う。そして、その理由を聞い

ても、さしたる理由は言ってくれない。しかし、その日でなければ、姉の気が変わってしまう恐れがある。私は、フト思いついて、「お姉さん、あなたは私たちがここにいて、ハンコをどこから出すのか見られるのが嫌なのですね。それならば私たちは部屋から外に出て待っていますよ」と言ってみた。すると姉はニコッと笑って、「お察しのよろしいこと」と言ってくれた。

これが透視術と言えるかどうかは分からないが、頭がよく動いているときには、直感が働くものである。透視術と言えば特殊技術のように思われるかもしれないが、瞬間的に感じたものによってヒントが与えられたり、将来の予測を立てたりすることがあるので、私は直感によってつかんだものを言語化して、その意味を考えることを心掛けている。

人の話をよく聞く

あまりにも当然のことであるが、和解をやり遂げるための最も基本的で、重要なコツである。

話を正確に、偏見を持たずに聞くという段階から透視術の段階までを含めて、人の話をよく聞くと、たいていの紛争は、それだけで和解の道筋が見えてくる。

2…相手に言葉を届ける

どのようにして言葉を届けるか

人の話をよく聞いたら、次には相手方に言葉を伝える必要がある。

それでは、どのようにして言葉を届ければよいのだろうか。

ここで頭に置いておかなければならないのは、言葉を選択することである。

和解によって紛争を解決することを望んでいるのだから、やわらかい言

葉を使わなければならないと思われるかもしれない。確かに、相手方を怒らせるような刺激的な言葉を使うことは、相手方の脳の中のPAG（中脳水道周囲灰白質）を興奮させ、攻撃性を高めさせることになるので、和解の道は遠ざかってしまう。したがって、徒に刺激的な言葉を使うことは、一般的には避けた方がよいだろう。

　しかし、紛争の渦中にいるときには、やわらかい言葉ばかりを使っているわけにはゆかないことがある。相手方から、「お前が間違っているのだ！」などという刺激的な言葉が飛んでくると、思わず強い言葉を返してしまう。相手方からの挑発によって返した言葉が、自分に不利に跳ね返ってくることがあるので注意を要する。しかし、そのような強い言葉が一概に悪いわけではない。相手方からの悪意に満ちた言葉を放っておくと、こちらが相手方の不当な要求を認めたと受け取られてしまうので、ただちに強く応答するのは必要なことである。

　しかし、そのような売り言葉に買い言葉を続けていても、和解の道は開けてこない。前に述べた反復囚人のジレンマ・ゲームのように、「裏切り」のカードを切り続けていたら、双方とも得点を下げるばかりである。

　そこで、何かのきっかけをつかんで、相手方に「協調」の言葉を届けてみることが必要になってくる。そのときに選択するのは、こちらに和解をする気持ちがあることを相手方に伝える言葉である。例えば、「一度話し合いをしてみませんか」でもよいし、端的に、「和解をしませんか」でもよい。その方法は、直接声をかけてもよいし、手紙でも、メールでもよいだろう。そのケースに最もふさわしい方法で、タイミングを選び、過去のことは水に流すような気持ちで、爽やかに言葉を届けることが肝要である。

協調の言葉を使うタイミング

　私は、あるゴルフ場経営会社が倒産したとき、そのゴルフ場の会員の代理人としてゴルフ場経営会社に訴訟を提起したことがあるが、ゴルフ場用地の買収の権利を乗っ取った別の会社が、会員430人の元のゴルフ場経営会社に預託した入会金返還債務を引き受け、その引受債務を担保するためにゴルフ場用地に抵当権を設定するという和解によって、いったんは解決

した。ところが、その引き受けた会社の社長は、会員たちとの和解は錯誤によるものだから無効だと主張して義務の履行を拒否し、抵当権を抹消せよという訴訟を起こした。この訴訟は、当然のことだが、会員たちの勝訴になった。

　私は、社長が「ぜひ和解をしてください」と揉み手をしてやってくるだろうと思っていた。しかし、社長はいつまでもやってこなかった。

　そこで私は考えた。社長はいったん和解をしておきながら、それが無効だなどと無理な理屈をつけて泥仕合的な訴訟をしかけ、挙句の果てに敗訴になったのでは、今さら私の前に姿をあらわすことはできないのだろう、それならば私が社長を訪ねて行くしかない、と。

　６月はじめのある雨の日、私は路地裏のマンションにある社長の住居を訪ねた。そこには会社の住所も置かれていて、中から若い男が出てきた。

「社長さんのお宅ですね」

「そうですが、今は留守です」

「それではお伝えください。６月13日の午前10時に、私の事務所においでください。もしご都合が悪ければ、その日のその時間に電話をください。用件は、社長さんがご存じのはずです」

　私は、傘を叩く雨の音を聞きながら、駅に向かった。

　６月13日の午前10時、１分もたがわずに社長から電話がかかってきた。

「今日は都合がつかなくて……」

「とにかく会いましょうよ。あなたも早い方がいいでしょう」

「そうですね。夕方なら」

　こうして、私の言葉は社長に届いた。その日から和解協議がはじまったことは言うまでもない。ゴルフ場用地を他に転売し、会員が預託した約３億円を全額返還し、損害金（利息）も払ったうえで、会社はお釣りを手にするという和解が成立するのに、それほどの時間はかからなかった。

届ける言葉を選択する際に気をつけるポイント

　相手方に届ける言葉を選択するときには、次のようなことに気をつければよいと思う。

第1に、「あなたの行為は違法だ」、「私の主張は正しい」などという善悪、正邪などの評価的な意味が込められている言葉をできるだけ避けることである。そのような言葉を受け取った相手方は、非難されたと思って和解に乗ってこないからである。そのような言葉を使わずに、事実を的確に表現する言葉を選択することが大切である。

　第2に、タイミングを見計らって、ときには「あなたのご苦労も分かります」などという「情」に働きかける言葉を選択し、ときには経済的合理性を示唆しながら「理」に働きかけるような言葉を選択することである。これを上手にやることは難しいことだが、心掛けていると案外できるようになる。

　第3に、和解の論理構造（和解のコツ❿→68頁）を念頭に置いて、それにマッチするような言葉を選択することである。たとえば、100対ゼロの勝ち負けに挑むような言葉は選択せずに、「和解によるメリットを分け合いませんか」というような言葉を選択することである。

相手に言葉を届けたら

　言葉を選択したら、それを相手方に届けなければならない。言葉を届けなければ何ごともはじまらない。

　言葉を相手方に届けると、相手方から言葉が返ってくるだろう。そのとき、相手方から返ってきた言葉をよく聞くことが大切である。ときには、相手方の意見と自分の意見が異なることがある。また、相手方の利害と自分の利害とが違っていることもある。そういうときでも、相手方がどういう意見を持っているのか、あるいはどういう利害を重視しているのか、よく聞いて、理解することが必要である。そのうえで、自分の意見や利害を再び言葉にして相手方に届けると、うまくゆけば意見や利害を調整することができるし、うまくゆかなくても、意見や利害の相違が相手方に伝わり、次の機会に期待することができる。

　このようにして、相手方との言葉のやりとりが行われるようになると、相手方は言葉が届いていることが分かるから、話をしているうちに相手方も心を開き、言葉を受け入れるようになるだろう。こうして、和解の道が

次第に開けてくる。

言葉を受け取らない人には

　順調にゆけば、以上の方法で言葉を届け合うことができるであろう。しかし、言葉を届けようとしても、テンから受け取らない人もいる。
　固定観念や先入観や悪意などに阻まれていると、「話せば分かる」ということにはならない。いくら言葉を届けようとしても、無駄なことがある。人間関係が疎遠になってもよい相手方なら、しばらく放っておいて、次の機会を待つしかない。
　しかし、そうはいかない相手方ならば、何とかしなければならないだろう。
　相手方の言葉を聞く。賛成でなくてもとにかく聞いてみる。ムカついても我慢する。届けるに値する言葉を発する。何度も試みる。そうこうしながら、根気よく固定観念などを崩してゆく——そのようにして言葉を届けるところまで漕ぎつけなければならない。

和解のコツ 32 いろいろな工夫をして、相手方に言葉を届けること

　和解をやり遂げるためには、この努力を惜しんではならない。

3…言葉をミクロ化、ニュートラル化する

　私は前に、言葉を届けるためには、「あなたの行為は違法だ」、「私の主張は正しい」などという善悪、正邪などの評価的な意味が込められている言葉をできるだけ避けることだと言ったが、このことは、和解をやり遂げるために必要な基本的な作法なので、もう少し詳しく見ておこう。

評価的な意味を削ぎ落とす

　そこでまず、評価的な意味を削ぎ落とすということを考えてみよう。こ

れは、紛争を構成する事実や使用される紛争解決規範が持っている是非、善悪、正邪などの価値的要素を減殺させるという意味である。したがって、この作業を中性化（ニュートラル化）と言い換えることができる。このニュートラル化は、もとのままの言葉ではできないので、言葉を構成しているさまざまな要素を、細かく分解する必要がある。例えば、紛争を構成している事実が水だとすれば、「水」という言葉だけでは、紛争が和解に向かってゆかないことがある。そのときに、水を「酸素」と「水素」に分解して、「酸素」と「水素」という言葉を使えば、和解できることがある。この分解する作業を、私は、言葉をミクロ化すると呼んでいる。

　ここで注意すべきは、和解をする過程で、事実を構成している言葉と紛争解決規範を構成している言葉が同時進行的にミクロ化されることである。したがって、これから述べる設例については、事実と紛争解決規範が同時にミクロ化される状況を述べることにする。

紛争解決規範をミクロ化する

　さて問題は、言葉をどのように使用するかということであった。このことをミクロ化、ニュートラル化という観点から考察するが、その前提として、まず紛争解決規範の姿を見ておこう。

　金銭消費貸借契約は、例えば、甲が乙に100万円を貸渡し、乙が甲に同額の100万円を返還することを約束する契約である（民法587条）。これは民法に書かれており、紛争が起こらなければ、金銭消費貸借契約はこの成文法がそのまま使用されて、貸した金銭が返還されることになるであろう。

　しかし、甲と乙との関係が紛争状況になると、成文法がそのまま使用されることは少なくなり、多くの場合は、成文法を構成しているさまざまな要素の中からその紛争に役に立つものを抽出したり、解釈を加えたり、あるいはミクロ化、ニュートラル化されたりして、紛争解決規範として使いやすいようにされてから使用されるのである。

　比喩的な言い方をすれば、紛争状態にないときには紛争解決規範はマクロ的な存在だが、紛争状況に入ると、紛争の実態に合わせたミクロ的なものに変化する。

ミクロ化された紛争解決規範は、これも比喩的な表現になるが、イオン＝電気を帯びた原子・原子団のような姿になる。すなわち、紛争の動きについていけるようにするためには、紛争解決規範をイオン化して、動き回ることができるエネルギーを与えなければならないのである。エネルギーを与えると、紛争解決規範は、電気を帯びたイオンのようにさかんに動き回り働き出す。そして、紛争の坩堝（るつぼ）の中で、もがき回っている紛争当事者の利害、感情などのさまざまな事実と衝突し、ときには反発しつつも、やがて相性のよい紛争解決規範と事実が結びついて、紛争はおさまってゆく。

ミクロ化、ニュートラル化の事例

　よい和解とは、紛争解決規範と事実とを、よい形で結びつけることだと言えるだろう。逆に、事実に合わない紛争解決規範と結びつけようとすると、解決は歪んだものになってしまう。
　このことを、100万円の金銭消費貸借の設例を使って見ておこう。
　甲が「乙に100万円貸した」と主張し、乙が「借りたことはない」と主張しているとする。そしてよく調べてみると（このあたりからミクロの世界に入ってゆく）、丙が乙の代理人だと称して甲から100万円を受け取り、乙にその100万円を渡していないことが分かった。
　乙は、「100万円借りたなんて寝耳に水だ」と甲を突き放す。
　「しかし、借用書に書いてあるではないか。乙代理人丙と」と甲は反論する。
　「では、委任状はあるのか」
　「いや、このときは委任状を持ってこなかった」
　「それみろ！」
　「だけど、以前中古車を売ったときには、丙は君の委任状を持ってきて私と契約したではないか。あのときは君だって、きちんと80万円支払ったではないか」
　「それとこれとは話は別だ」
　「どこが別なのだ。あのときに代理人だったら、今度だって代理人ではないか」

「あのときだって中古車にしては高かったから、納得できなかったのだ。それで私は、丙と縁を切ったんだ」

「君はそんなこと私に言わなかったではないか。私が丙を信じて、君の代理人だと思うのは当然ではないか」

「それではどうして私に確かめなかったのか。電話１本ですむことではないか」

借用証、乙代理人丙、委任状を持って来なかったこと、中古車の売買、そのときの委任状、話が別かどうか、乙が丙と縁を切ったこと、そのことを甲に伝えなかったこと、甲が丙を信じたこと、しかし確かめなかったこと……と、事実はどんどん細かくやりとりされて、ミクロの世界に奥深く入ってゆく。

ここで、ミクロ化された事実を紛争解決規範にぶつけてみよう。

民法は、代理権なくしてなされた代理行為は本人に対して効力を生じないと定めている（民法113条１項）。これに従えば、乙は丙に100万円を借りる代理権を与えていなかったのだから、丙が乙代理人丙と書いて甲から100万円を受け取っても、それは原則として無効であって、乙は甲に100万円を返す義務はない。甲は丙から取り返さなければならないが、丙が無資力であれば、取り返す見込みはないだろう。

しかし、弁護士にとっては常識であるが、これには例外があって、表見代理に該当すれば結論は逆になる。表見代理は取引の安全を保護するための制度で、一定の要件を充たせば代理の資格のないものが行った行為でも有効な取引とみなすことになっている。民法にはいろいろなパターンの表見代理があるが、この設例の場合は、代理権消滅後の表見代理という類型に当たる（民法112条）。この表見代理が成立する要件は、代理行為の相手方が善意（代理権が消滅したことを知らないこと）であり、過失がないことである。

したがって、甲と乙との100万円の貸借を巡る争いが、丙の出現によって表見代理に該当すれば、丙が乙代理人丙と借用書に書いて100万円を受け取った行為は効力を生じ、有効となる。このときには、乙は甲に100万円を返さなければならない。乙は丙に損害賠償を請求して、丙から取り返

す方法があるが、丙が無資力であれば取り返す見込みは薄いだろう。

　無権代理行為を無効にするのは、丙の不正を許さないということだから、正義の実現を背景にしている。一方、表見代理も「取引の安全を保護する」という立派な正義を背負っている。したがって、ここでは評価的な価値の高い規範が衝突していることになる。表見代理を巡る判例はたくさんあり、これを分析すると、多くの判例は、丙に権限があったと信ずるべき正当な理由があったか否かということで勝負が決まっている。そして、乙と丙との人間関係、例えば丙が乙の親族であったか、印鑑を常に丙が使えるような関係であったか、などということがこと細かく検討され、判決が出されている。しかし、結局のところ、表見代理が成立すれば甲の勝ち、成立しなければ乙の勝ちになる。このような結論を出すのであれば、紛争解決規範をミクロ化する必要はない。また、無権代理と表見代理という別々の正義を担った評価的価値の高い規範のどちらかを選択するのであるから、ニュートラルな紛争解決規範の登場をうながす必要はない。したがって、この段階では、まだマクロの世界のことだと言ってよいだろう。

　これに対して、さらにミクロの世界の事実を追求したいと考える当事者もいるであろう。そうすると、ミクロの世界で動き回っている事実に着目することになり、紛争解決規範をその事実の間尺に合わせてミクロ化して解決することを模索するようになる。

　そしてそのときには、「対立する利害間の比較衡量を無視すべきではない」という第三の正義が登場する。この第三の正義は、正義とは言え、無権代理や表見代理の正義と比較すると、格段に評価的価値が小さいものである。そもそも間に割って入って両方の顔を立てるような紛争解決規範だから、ニュートラルな性格が強いものである。すなわち、評価的価値の高い２つの紛争解決規範が衝突した結果、ニュートラルな紛争解決規範が出てきたと言うことができるだろう。たとえて言えば、強い酸性の塩酸の塩素と強いアルカリ性の苛性ソーダのナトリウムが化合して、中性の塩化ナトリウム（食塩）になったようなものだ。そして、この紛争解決規範はミクロ化されて、すなわち、「利害」「比較衡量」「無視すべきでない」（つまり、相手方の利益を尊重する）などの要素に分解されて、そこに一つひと

つのミクロ化された事実が結びつけられる。そして、それらが計量されてゆく。このことを甲と乙の言葉のやりとりで追ってみよう。

「久しぶりに丙がやって来て、突然金を貸せというのは、君だって怪しむべきではないか」

「そう言えば、丙の手が少し震えていたなあ。そのときは一瞬おかしいと思ったのだけど、すぐに金を銀行からおろさなければならないと思って、忘れてしまったのだ」

こうなると、乙の方に分があるだろう。利害の比較衡量という観点からすると、乙に八分、甲に二分というあたりだろうか。

「しかし、丙は君の親戚だろう？」

「そうだけれど、遠い親戚だよ。いとこのいとこだ」

「だけど君は、丙に使い走りをさせていたではないか」

このあたりは甲の方に分がある。判例では近親者である方が表見代理を認めやすくなっているので、そのような判例をここに紛争解決規範としてぶつけると、だいたいの利害の計量はできる。この場合には、甲に七分の理、乙に三分の理というところだろうか。

このように一つひとつの事実に、それにふさわしい紛争解決規範を結びつけて利害を計量してゆくと、甲の言い分は、

「全部とは言わないが、70万円ぐらいは払ってくれよ」

ということになったとする。これに対して、たいていは乙が、

「70万円は高いよ。五分五分として50万円がいいところだよ」

と応じるだろう。

「しかし、足して2で割るというのはどうかな。私の方がちょっと分があるよ。何しろ丙と君は親戚なのだから。よし、60万円で手を打とう」

と結論が出て、甲と乙は和解する。

この設例はかなり単純化しているので、ミクロ化、ニュートラル化と言っても、それほど複雑なものではない。それでも、おおまかなところは掌握できると思われる。実際の紛争では、さらに複雑なミクロ化、ニュートラル化が行われる。そのためこんなことが大切である。

第4章　和解を成功させる方法　153

和解のコツ㉝ ミクロ化、ニュートラル化などの言葉の使い方を頭に入れておいて、和解のさまざまな局面で意識して実践すること

　紛争の最中には、目先の事柄に心が奪われて、つい言葉の使い方を忘れてしまいがちになるが、一歩離れて、言葉の使い方を意識のうえに乗せると、多種多様な方策が見えてきて道が拓けることが多い。

4…確かな情報の収集

　和解の方法として不可欠なのは、確かな情報を収集することである。今は情報の世の中だから、和解のプロセスにおいても情報が大切な役割を果たす。したがって、確かな情報を収集する必要性は、あまりにも当然なことである。
　実例をあげながら、情報収集のやり方を見ておきたいと思う。

遺産分割事例に見る情報収集の方法

　Fは72歳の女性だが、75歳の夫が死亡して、夫の財産を相続することになった。夫からは、Fと知り合う3年前に先妻と離婚して、先妻との間には男の子が1人いたが、先妻がその子を養育することになったので自分が養育費を支払っている、という話を聞かされていた。しかし、夫は、ただ一度だけ先妻との離婚のことを言ったきりで、その後は、一切そのことを話題にしなかったので、Fも触れてはいけないことだと思って、先妻の子のことを聞かないことにしていた。
　しかし、夫が死亡して相続することになると、その男の子も相続人だから、彼と協議をしなければ相続手続ができない。Fには子どもがいないから、相続人はFと先妻の子だけである。ところが、Fが持っている情報は、自分の他に、相続人として夫が生前養育費を支払っていた先妻の子がいるということだけであって、その子がどこにいるのかという情報がないばかりか、名前さえ分からない。

弁護士ならば誰でもすることであるが、こういうときには、まず先妻の子の住民票上の住所を突きとめることが基本である。相続の手続をすすめるときには、不動産の登記名義を夫から相続人に変更するためにも、夫名義の預貯金を解約して相続人のものにするためにも、夫の出生から死亡するまでの連続した戸籍謄本（全部事項証明、以下「戸籍謄本」という）、原戸籍謄本、除籍謄本が必要だから、どちらにしても、本籍地の市区役所・町村役場からそれらの書類を取り寄せなければならない。その中に、夫が先妻と離婚した記載が出てくるので、離婚後の先妻の戸籍謄本、原戸籍謄本、除籍謄本を追いかけてゆくと、先妻の子の戸籍上の存在が分かる。これらのことは、相続を経験した人なら誰でも一度通る道だが、このプロセスは、情報の収集に他ならない。たとえば、このとき取り寄せた原戸籍謄本などによってはじめて曾祖父の名前などを知って、びっくりする人もかなり多い。Fも、この過程で先妻の子の名前を知った。その子をここでは「B」としよう。
　さて、Bはどこにいるのだろうか。
　戸籍には本籍地の記載はあるが、住所の記載はない。弁護士ならば、戸籍謄本を取り寄せるときに、同時に戸籍の附票を取り寄せるはずである。戸籍の附票には、Bの住民票上の住所が記載されているので、その住所を管轄する市区役所あるいは町村役場からBの住民票を取り寄せれば、Bの住民票上の住所が分かる。しかし、それはあくまでも住民票上の住所であって、実際にBがそこに住んでいるかどうかは分からない。すなわち、Bの住民票上の住所という限りでは、これほど確かな情報はないが、実際に住んでいるという情報としては、確かであるとは言い切れないのである。
　Fの代理人である弁護士としては、相続手続をするためには、何はともあれBと協議をしなければならないので、祈るような気持ちで、Bの住民票上の住所宛てに、夫すなわちBの父親が死亡したこと、相続手続をする必要があるので会って協議をしたいことなどをしたためた手紙を出すことになる。その手紙が、Bの許に届けばよいのだが、もし届かずに戻ってくるようなことがあれば、Bを探さなければならない。そのとき、弁護士はBの所在を突きとめるために、どこに行ってどのような情報を集めればよ

いのだろうか。Bの住民票上の最後の住所地に行って、近所の人からいろいろ話を聞いてくるという方法もあるだろうが、相手方に近ければ近いほど情報が確かだから、このケースの場合には生存しているBの母親、すなわち先妻に会って聞いてくるのがよいだろう。しかし、会うと言っても、先妻としては後妻の弁護士と会うのであるから、複雑な気持ちになるだろう。先妻から面会を拒否されたりすれば、調査機関に頼んでBを探す方法も考えなければならないかもしれない。

　Fの代理人である弁護士は、Fの寄与分についての情報も掌握しておく必要がある。そこでFからよく話を聞いておかなければならない。Fは、脳溢血で半身不随になった夫を15年間も看護し、介護してきたのだから、家庭裁判所の過去の審判例によれば、10〜20パーセントの寄与分は認められるだろう。

　また、遺産の内容を知っておかなければならない。Fによれば、不動産仲介業者の査定によれば1500万円の自宅のマンションと700万円の預貯金だということである。

　計算すればすぐに分かることだが、マンションが1500万円、預貯金が700万円だから、夫の遺産の合計は2200万円になる。寄与分が20パーセントだとすれば、2200万円×0.2で、440万円である。そして、2200万円から寄与分の440万円を差し引いた1760万円を2人で2分の1ずつに分けると、1人が880万円ということになる。したがって、預貯金の700万円を全部Bに渡したとしても、まだ180万円が不足する。Fは、急に不安になって、

　「それでは、仮に寄与分が20パーセントと認められたとしても、預貯金を全部Bに渡しただけでは足りないので、マンションを売らなくてはならないのでしょうか？」

　と訊ねた。

　クライアントからこういう質問を受けた弁護士は、逆にクライアントに情報を与える必要がある。私は、Fの不安を取り除くために、

　「Fさん。遺産分割は、20パーセントとか、2分の1とかの数字を機械的に当てはめてするものではないのです。遺産分割の原則について、法律にはこう書いてあるのです。ちょっと読んでみましょうか。

遺産の分割は、遺産に属する物又は権利の種類及び性質、各相続人の年齢、職業、心身の状態及び生活の状況その他一切の事情を考慮してこれをする、とね。
　ですから、Bさんの職業や生活の状況などが安定していることが前提になりますが、Fさんの生活状況や年齢などを説明してよく理解してもらえば、マンションは売らなくてもすむと思います」
　と言った。
　さて、私が遺産分割協議の申し込みをした手紙は、幸いにしてBに届いた。しかし、Bがどのような暮らしをしているのか、Bがどのような人柄なのか、どのような考えを持っているのかなどという情報はまったくない。この情報不足は、如何ともしがたいが、こういうときにはとりあえずBに会って、直接Bに聞くのが一番である。そして、Bもまた、Fに関する情報をまったく持っていないことは確かだろう。もしBと会ってみて、信頼を置ける人であるということが分かったならば、Fや夫のことを率直に話し、Bからも率直な話を聞き出そうと考えた。
　これは、自分から確かな情報を与えて、相手方から確かな情報を得ようという高いレベルの手段である。しかし、誰でもすぐに気づくはずだが、この手段にはリスクが伴う。自分が与えた情報を利用されて、相手方から不利な状況に追い込まれることがあるからである。したがって、この手段を採用するときには、Bの人柄を読み間違えないことがポイントになる。情報の収集には、ときどきこのようなつば迫り合いが起こることを念頭に置いておく必要がある。
　Fの療養看護のことであるが、夫は60歳の定年退職のすぐあとで脳溢血を起こして半身不随になり、長い間リハビリを続けなければならなかった。しかも、死亡する2年前にまた大きな脳溢血を起こし、それからは植物状態になってしまった。その間の看護・介護は、並大抵のことではなかった。この事実はFにとって不利になるものではなく、むしろ寄与分が認められる根拠になるはずである。そして、Bにとってはほとんど音信のない父親だったかもしれないが、Bに父親の生前の様子を伝えることは、むしろFの代理人である私の役割であろう。また、遺産の内容は、時価1500万円の

マンションと預貯金700万円であることをきちんと伝え、マンションの登記簿謄本（全部事項証明書）と預貯金の通帳を見せようと考えた。どっちみち相続手続だから隠せるものではない。隠していたのでは、マンションの名義変更も預貯金の解約もできない。
　Bから返事があった。Bは私の事務所の近くの会社に勤めているということだったので、事務所にきていただいた。
　一目で、Bが誠実な人であることが分かった。私は、Fの夫つまりBの父親のことを話した。定年後に脳溢血を起こし、長い間看病したことなども、きちんと話をした。もちろん、遺産の内容も説明し、登記簿謄本（全部事項証明書）と不動産仲介業者の査定書と預貯金の通帳をBに見てもらった。
　Bも、ポツリポツリと、自分を語った。離婚後に会社員として働きはじめた母親が自分を育てて大学まで出してくれたこと、自分は上場会社の技術者として働いていること、3年前にローンを組んで買ったマンションに妻子とともに暮らしていること等々。
「でも、僕は父親にいい印象は持っていないのです。養育費と言ったって、18歳まで月に1万円送ってきただけですから。何の音沙汰もないことについても、昔はずいぶん腹を立てたり、寂しい気持ちになったりしていましたが」
「そうでしょうね。Fさんも身勝手な人だったと言っていましたよ。あなたもさぞ……」
「……」
「病気が長かったので、お金があまり残っていないのです。マンションを売って住むところがなくなると、Fさんはどうしてよいか分からなくなると言っています。マンションがあれば、あとは年金でなんとか暮らしてゆけると思います。Fさんがマンションで、あなたが預貯金というわけにはゆかないでしょうか」
「そうですか。少し考えさせてください。母とも相談してみます」
　私はずいぶんいろいろなことが分かったと思った。つまり、収集した情報に大きな漏れはないと思ったのである。もしBが嘘をついているのなら

ば、Bの言葉の真偽を確かめるために情報を集めなければならないだろうが、そのようなことはまったく頭に浮かばなかった。

　2度目に会ったときに、Bが言った。

　「私は、預貯金のうちの500万円をいただければ十分です。母が言っていました。あのわがままな人に、よく一生つきあってくれたわね、なんて」

　私がFにこの報告をすると、Fは目頭を拭くことを隠さなかった。

確かな情報を集める

　この例では、次々に確かな情報が集まり、順調に遺産分割をやり遂げることができた。しかし問題は、「確かな」というところにある。世の中には情報が溢れているが、その中にはいわゆる「ガセねた」といわれるような怪しげな情報も混ざっている。そのような情報を使って和解をしようとしても、内容が歪んでしまってうまくゆかない。適切な和解をやり遂げようとするのならば、確かな情報を集め、それを使うことである。

　それでは、どのようにすれば確かな情報を収集することができるのだろうか。

　この例で分かるように、最も確かな情報は、相手方から直接収集した情報である。その次に確かな情報は、相手方に最も近い人から収集した情報である。私は、相手方に近ければ近いほど、情報は確かであると思っている。

　また、公の機関から収集する資料も確かな情報だと言ってよいだろう。一般的には、役所にある戸籍やら登記簿やらの謄本を取り寄せることが基本であるが、戸籍や登記簿などの記載が絶対に正しいというわけではない。戸籍や登記簿などの記載が絶対だと信じている人が多いだろうが、世の中はそれほど単純ではない。戸籍や登記簿などの記載が怪しいと思ったら、事実を調べてみる必要がある。弁護士にとっては初歩的なことであるが、登記は対抗要件に過ぎないことも、忘れてはならない。

　さらに、関連する法令や類似しているケースの先例なども確かな情報だと言ってよいだろう。これらの情報を収集する最もポピュラーな方法は、まずはインターネットを活用することだと思う。しかし、インターネット

上の情報は、「確かな」というところに不安がある。そこで、インターネット上の情報を使うときには、できるだけ原典に当たったり、専門家に聞いたりして、確かめる必要がある。すなわち、原典に当たることや専門家に聞くことが、情報の確かさを検証する手段になる。

　以上に述べたことは一般原則であって、当然のことながら例外がある。嘘の情報を流すなどして、情報操作をすることがあるからである。たとえば、紛争の局面で相手方が判例を引用することが多いが、しばしば都合のよい部分だけを引用したり、判例の趣旨を歪曲したりすることがある。これは立派な情報操作だと言えるが、そのようなときには、その判例の全文を詳細に検討して、相手方の意図と論理を糺す必要がある。それやこれやを綜合すれば、次のような結論に至る。

 当該の事件に関する情報は、漏れなく正確に掌握すること

　ここで、とくに肝に銘じておきたいのは、和解の局面では、情報が決め手になることである。逆に、情報に漏れがあったり、不正確だったりすると、和解に歪みが生じたり、結論を間違ってしまうことがある。いずれにせよ、和解をやり遂げるためには、情報の収集は、省くことのできない重要事だと言える。

5…利害を計量する

当事者の利害に優先順位をつける

　当事者は、お互いの利害をよく知って、頭に入れておくことも大切である。

　和解は、当事者の利害を噛み合わせて、出口に到達することがポイントだから、利害を無視したり、利害に対して適切な答えを出さなかったりすれば、まず和解は望めないと思って間違いない。したがって、人の話を聞

き、言葉を届け合ったりしながら、当事者の利害を整理し、頭に叩き込んでおくことが必要である。私は、当事者の利害や主張を図面や一覧表にしておくことが多い。

そして、当事者の利害を頭に入れた後で、その利害を計量しておく、数字で出せるものは数字で出しておく、ということも有用な方法である。

たとえば、損害賠償請求事件などでは、相手方の思惑が、言葉の端々でいくら以上いくら以下ということがだんだん分かってくるから、それらを項目ごとに計算して、それが理屈の上で立つのか立たないのか、ここは強い、ここは弱いということを量ってみると、数字のうえで予測が立ってくる。

とくに和解による解決は、当事者双方の利害を全部満足させることはできないことが普通である。当然一部を引っ込めたり、削ったりしなければならない。そのときに、利害を計量し、優先順位をつけておけば、かなり上手に相手方の利害と嚙み合わせることができ、解決の目途もついてくる。

このときに注意すべきは、当事者の主張がどんなに乖離していても、びっくりしたり、感情的になったりしないことである。すなわち、相手方から予想外の案が出てもがっくりしないことが肝要である。和解のための協議がはじまった以上、和解を成立させることはできるという強い信念を持って、相手方がなぜ予想外のことを主張するのかと冷静に考えてみると、その中に手がかりが見つかり、和解の道筋が見えてくるものである。

ここであまり大きな声で言うことではないが、請求するときの最初の案は理屈がつく限りの上限を提案し、請求を受けるときの最初の案は理屈がつく限りの下限を提案することが要領のよいやり方である。なぜならば、相手方は、最初の案と最終の解決との差が大きいほど満足するものであるからである。ただし、最初にはったりのような案を出すと和解が軌道に乗らないので、理屈がつく限りの案でなければならない。

そこで、事例によって、このことを見ておこう。

利害を計量し和解をまとめた事例

Nは、東京都内のM市に、父親の代より地主Eから借地をして住んでいる。

借地の面積は、115.5平方メートル（約35坪）である。しかし、建物が老朽化しているうえに、ちょうど借地権の更新の時期が間近になったので、更新料を支払うよりも、借地権を売ってしまうのも一案ではないかと思うようになった。それというのも、20年前の更新のときには、地主の言いなりに500万円近くの更新料を支払ったので、当時のいわゆるバブルの時代とは変わったとは言え、今回の更新に際しても相当の更新料を支払うことになるだろう。そうなると、今後の生活に見通しがたたなくなる。だいいち、自分は83歳になり、80歳の老妻には認知症がすすんできているから、借地権を売却して手ごろなマンションなり、老人ホームなりにでも移転すれば、月々4万円もの地代の支払いはしなくてもすむので、年金で生活をすることができる。

そう考えて、Nは地主Eに、借地権を買ってくれないかと打診してみたところ、Eの代理人弁護士から、1000万円なら買ってもよいという手紙がきた。

あまりにも低い金額に驚いて、Nが私の事務所に訪ねてきた。

このEの弁護士の提案は、びっくりするほどの予想外のものなのだろうか。1000万円という点では「びっくりするほど予想外」と言ってもよいが、「買ってもよい」という点では、予想以上のよい情報である。それならば和解の軌道に乗る、というのが私の第一感であった。

そこで私は、Nとよく話し合って、当方側の案をつくった。インターネットで路線価を調べると、1平方メートル当たり32万円で、借地権割合は60パーセントであった。私は、都内の時価は、路線価の1.7倍と言われているので、32万円に1.7を乗じ、さらに面積を乗じれば、この土地の更地価格は、6283万2000円になる。今から考えれば、時価が路線価の1.7倍というのは、情報として正確ではなかったが、このケースでは情報不足をすぐに補ったので、弊害は表面化しなかった。しかし、これはよくなかったと反省している。

次に路線価に従えば借地権割合は60パーセントであるが、都内では70パーセントだとされているので、時価に0.7を乗じて、借地権価格を4398万2400円と算出した。そして、地主に買い取ってもらうときには、第

三者に売却するときに支払う承諾料に相当する金額を減額しなければはらないので（この承諾料に相当する減額分を便宜上以下、「承諾料」という）、それを借地権価格の10パーセントとして、439万8240円を減額することにした。

そして、更新料は、法律に定めもなく、判例でも認められていないので、ゼロと提案することにした。また、更新料の性格をどう見るかが問題であるが、更新後にNが長く土地を使用するわけではないので、支払う必要はないだろうと考えた。

そうすると借地権価格の4398万2400円から承諾料439万8240円を減じて、3958万4160円というのがNの提案になる。

私は、Eの代理人弁護士と会って、上記のことを表にまとめて説明した。そして、以上の提案を絶対だとは考えていないので、地主側の対案を出してほしいと述べ、話し合いによる解決ができないときには、Nは借地権を市場に売りに出したいと考えていると伝えた。

1か月ほどして、Eの弁護士から回答があった。

Eの近所の不動産仲介業者に査定してもらったところ、時価は1平方メートル当たり45万円で、これに115.5平方メートルを乗ずると5197万5000円になり、借地権割合は60パーセントが相当だから借地権価格は3118万5000円である。これから、借地権価格の10パーセントの承諾料311万8500円、前回の更新時の更新料と同額の更新料496万6500円、建物を取り壊すための原状回復等の費用280万円を引くと、売買価格は2030万円になると言う。この原状回復費用は、業者から見積りをとった結果だということで、見積書が提出された。

この地主Eの提案をどう見るべきだろうか。まず、承諾料は、借地権価額の10パーセントという点では一致しているから、これは自動的に計算できる。

問題となるのは時価であるが、ここは情報不足を補うために、別の不動産仲介業者に査定をしてもらう必要があるだろう。不動産鑑定士に鑑定評価をしてもらうのがよりよいが、それには費用がかかるので、とりあえずは信用のある大手の不動産仲介業者の査定でよいと思う。その際に、借地

権割合についても査定してもらうことにした。私は、Nと相談して、私の懇意にしている大手の不動産仲介業者に査定してもらうことにした。

更新料は、法律上の筋として、支払わないことにしよう。ただし、第三者に売却する場合に裁判所の許可を求める借地非訟事件を申し立てるときには、裁判所が許可しないというリスクが絶対にないとは言えない。したがって、そのリスクに相当する減額をする必要を認めるときの調整領域として、この更新料の支払いを考えよう。

また、原状回復等の費用については、契約上の定めがあるので、100万円支払うことにする。

以上のNとの打ち合わせの結果を踏まえて、大手の不動産仲介業者に査定を依頼したところ、時価は7022万4000円（1平方メートル当たり60万8000円）、借地権割合は路線価どおり60パーセントということになった。したがって、借地権価格は4213万4400円となり、ここから承諾料421万3440円と原状回復等の費用100万円を減ずれば、結論は、3692万960円になる。

私は、Eの代理人弁護士と会って、この案を示し、これに対する回答を求めた。

「ここでこの土地を買い取っても、Eとしては利用する計画がないのですよ」

「利用計画が立つまでは駐車場にしておいたらどうですか。今は金利が安いので、仮に銀行から借り入れをしてもお釣りがきますよ。だから気前よく買ってくださいとNの弁護士が言っていたと、Eさんに言ってください」

「まあ、Eさんとよく相談して返事をします」

以上のように文章にすると、ずいぶんもつれたような印象を与えてしまうが、これを一覧表にして比較してみよう。

●表1　比較表（1）

	（Nの第1案）	（Eの第1案）	（Nの第2案）
時　価	62,832,000円	51,975,000円	70,224,000円
借地権割合	0.7	0.6	0.6
借地権価格	43,982,400円	31,185,000円	42,134,400円
承諾料	△4,398,240円	△3,118,500円	△4,213,440円
更新料	0円	△4,966,500円	0円
原状回復等	0円	△2,800,000円	1,000,000円
売買価格	39,584,160円	20,300,000円	36,920,960円

　こうしてみると、まさに一目瞭然である。そして、この一覧表によって、どこにどのような差があるかがよく分かり、それによって、どこを歩みよればよいかということも見えてくる。
　さて、ここから先は、一覧表に追加する方法で、交渉経過を追ってみよう。

●表2　比較表（2）

	（Eの第2案）	（Nの第3案）	（Eの第3案）
時　価	61,099,500円	61,099,500円	61,099,500円
借地権割合	0.6	0.6	0.6
借地権価格	36,659,700円	36,659,700円	36,659,700円
承諾料	△3,665,970円	△3,665,970円	△3,665,970円
更新料	△1,832,985円	0円	△1,000,000円
原状回復等	△2,800,000円	△2,000,000円	△2,800,000円
売買価格	28,360,745円	30,993,730円	29,193,730円

　（Nの第2案）に対する（Eの第2案）は、上記の一覧表のとおりである。この案の時価は、(Eの第1案）と（Nの第2案）との中間値、すなわち「足して2で割る」の登場である。前に私は、「足して2で割る」は最後の手段であるものの、先に適用する場合もあると述べたが、これがその実例である。そして、時価が算出されれば、借地権割合は0.6、承諾料は借地権価格の10パーセントと合意しているので、そこまでは自動的に計算できる。

さらに、更新料を借地権価格の5パーセントとし、原状回復等の費用を（Eの第1案）の同額として、結局Eの第2案の売買価格は2836万745円となった。

問題は、ここで双方の不動産仲介業者の査定額の中間値を取ることに合理性があるかどうかである。この点についてNと一緒に検討したところ、時価について（Eの第1案）と（Nの第2案）との中間値を取ることは、やや低めであるように思われる。しかし、時価を不動産鑑定士に鑑定してもらうとしても、その鑑定評価に争いが起こる可能性があり、結局のところ中間値に近い所に落ち着く可能性が高いと予測される。そのことよりも重要なのは、地主が借地権の譲渡を承諾しないときには裁判所の許可を求める借地非訟事件を申し立てなければならないことである。その手続をするために買い手に待ってもらわなければならないのみならず、裁判所が許可しないというリスクもある。そういう理由で、借地権の売買は買い叩かれることが多いと査定をした大手の不動産仲裁業者も言っていた。したがって、実際に売りに出してみなければ分からないが、承諾料とは別の減額要因があると考える必要がある。だとすれば、時価は中間値をとり、借地権割合を0.6とし、承諾料を借地権価格の0.1とすることは、あながち不利な条件ではないと考えた。

そして、更新料は、月額4万円という高めの地代を支払っていること、更新後短い期間内に解約することなどの事情により、判例を引くまでもなく支払う理由がないと考え、ゼロと回答することにした。因みに、Nが私のところに相談に来る直前に契約期間が満了になり、法定更新されていたのであるが、この話し合いは合意解除を前提にすすめているので、更新後にNがこの土地を長く使用することはないからである。

さらに、原状回復等の費用は、提出された見積書の過大な部分を差し引き、仮に土壌汚染があったとしても免責するという条件をつけて200万円の減額を認めることにした。これをまとめたのが、上記の一覧表の（Nの第3案）である。

これに対する地主Eの回答が、その右の（Eの第3案）である。

この一覧表を見ればすぐ分かるように、ずいぶん的が絞られてきた。E

は、諸般の事情を考慮し、更新料は100万円に減額すると言う。また、明け渡し後のEの担保責任を免除するかわりに、原状回復費用を見積書どおり280万円支払えという。

　3099万3730円と2919万3730円の差であるから、ここまでくれば、もはや争いが争いでないような気持ちになってくる。しかし、それでもまだ180万円の差がある。詰めが甘くなってはいけない。さりとて、ここでもう一度「足して2で割る」の登場を願うのはいかにも芸がないように思われる。

　そこで、Nと相談して出した最終案は、次のとおりである。

　まず、土壌汚染があるかないかは分からないが、じつは、この土地はかつて池であったので、Nの祖父が借地をする際に、池を埋めて盛土をしたと言い伝えられている。祖父の話によれば、きれいな土砂を入れたということであるが、昔のことなのでその土砂の中身は分からない。そのうえ、本件土地の背合わせの隣地に化学会社があり、そこからの土壌汚染がまったくないとは言い切れない。したがって、原状有姿のままの取引とし、担保責任が免除されることには、相当のメリットがあり、そのために原状回復等の費用を280万円とすることは、Nにとって、よい条件だと言えるだろう。

　また、更新料についてであるが、Nにしてみれば支払うことに釈然としない。しかし、Eにしてみれば現実に更新の時期を過ぎているのであるから、ゼロというのは面白くないだろう。

　では、どうするか。

　ここで見ておくべきことは、和解の頂上である。このように一覧表をつくり、項目ごとに一つひとつ合意をとりつけながら登り詰めて行くプロセスを踏んでゆくと、和解契約書に算定方法の明細をつけるように思われるかもしれない。しかし、そうではない。和解契約書には、最後の結論として「NはEに、金○○円で売り渡す」と書くだけである。

　そこで、（Nの第3案）の3099万3730円と（Eの第3案）の2919万3730円を、この土地の面積の115.5平方メートルで割ってみよう。すると、前者は26万8343.98円、後者は25万2759.56円になる。このいずれをとっても、1平方メートル当たりの価格が分かりにくいだろう。結論はもっと端的で

分かりやすい方がよい。そこで、1平方メートル当たりの価格を26万円とすると、これに115.5平方メートルを乗ずれば、3003万円になる。

つまり、和解契約書の文面は、「NはEに、金3003万円で売り渡す」とすればよいのであって、1平方メートル当たりの価格を問われれば26万円と答えればよいことになる。

では、3003万円とした場合に、一覧表の更新料の欄はいくらに相当するのだろうか。これはこの欄にXと入れて計算すれば、すぐに16万3730円と出てくる。形のうえでは更新料という名目が出てこないので、Nは形を取ったことになる。しかし、この16万3730円が加算されるのであるから、Eは実を取ったことになる。

そこで、16万3730円が本当に実になるかであるが、東京都内であれば更新料は多くて借地権価格の5パーセントと言われているので、いったん更新料ということにして計算してみよう。本件にあてはめて計算すれば、3665万9700円×0.05％＝1,832,985円になるが、Nはこの土地を期間20年のうちの1年ほどしか使用しないので、20年で割ると9万1649円になる。その他の事情を加味しても、16万3730円が低いことにはならないから、Eは実をとったことになると言えるだろう。

以上により、Nの回答は、3003万円ということになる。

私が、以上のような理由で（Eの第3案）に対して、3003万円の提案をしたところ、Eの代理人弁護士もこれを了承して、売買代金を3003万円とする和解が成立した。

この事例の紹介は、つい長くなってしまったが、それは思考過程や交渉過程を文章で説明したからである。しかし、文章で説明しなくても、一覧表の（Eの第3案）の右下の売買価格欄にある29,193,730円の次に、

→30,030,000円（1㎡当たり260,000円）で合意

と加えさえすれば、一覧表の数字を追うだけで、思考過程や交渉過程は読みとれるはずである。

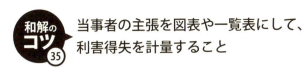

和解のコツ㉟ 当事者の主張を図表や一覧表にして、利害得失を計量すること

和解をすすめるうえで、便利なコツであることが分かるであろう。

6 … ウィン・ウィンの和解

ウイン・ウインの和解は難しい

　和解の利点として、ものの本にはウィン・ウィン（Win-Win）の解決ができることが強調されている。確かに、当事者双方が利益を得るというウィン・ウィンの解決はすばらしいことだが、現実にはウィン・ウィンの和解はそれほど多くあるものではない。

　ウィン・ウィンの解決としてよく引き合いに出されるのは、ハーバード流交渉術にある姉妹が1つのオレンジを争う例である。姉がオレンジの皮でママレードを作りたいと思っており、妹がオレンジの中身でジュースを作りたいと思っているのであれば、ハーバード流交渉術で、姉が皮を取り、妹が中身を取ることで見事な解決ができる。しかしこれは、たまたま姉がママレードを作りたい、妹がジュースを作りたいと思っていたからできる和解であろう。世の中で起こる紛争に、そんなに都合のよい条件が揃っていることは滅多にない。姉も妹もオレンジを食べたいというケースが確率的には一番高いだろうが、そうだとすれば、たいていの争いはウィン・ウィンの和解は難しいということになる。

　ゲーム理論でも双方が協調することによって得点を高めることができるが、ここで言う協調とは、相手方に利益を与えることによって自分も利益を得るということであって、これが和解の基本である。

　したがって、和解はウィン・ウィンでなければならないという固定観念に縛られることはよいことでない。そのような固定観念に縛られると、無理な和解を指向することになると同時に、ウィン・ウィン以外の和解をしたときの達成感が少なくなる。ウィン・ウィンの和解でなくても、素晴ら

しい和解はいくらでもあるのである。

ウィン・ウィンの和解でまとまった事例

しかし、数は少ないが、ウィン・ウィンの和解ができることがある。その事例を紹介しよう。

都心の一等地に、下図のようなA地、B地、C地の3筆の土地がある。

●図11　3筆の土地

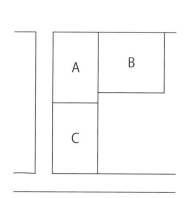

SはA地の所有者である。B地、C地は大手ディベロッパーの甲開発が買収した。甲開発はSのところにやってきて、是非A地を売ってくれという。しかし、Sは、「絶対に売りません」と強く断った。甲開発は、何としてもA地を買収して、A地、B地、C地をつなげて大きなビルを建築したい。しかし、A地が手に入らないと、B地、C地に2つの小さなビルを建てなければならない。これでは、全く採算が合わないのである。そこで、「何とか売って下さい」とS方に日参したが、Sが「絶対に売らない」というので、「それでは、等価交換方式で共同ビルを建てませんか」と新たな提案を出してきた。

Sは、私の事務所にきて、「条件が合えば等価交換でもいいのですがね。何か損をするような気がするのですよ」と言った。
　「甲開発は具体的な条件を出したのですか」と私が尋ねたら、「出しました」と答え、Sが説明したのは、どこでも使われている計算方式で算出した数字である。
　ここで、等価交換方式について説明しておかなければならないだろう。
　等価交換方式とは、地主が所有している土地をディベロッパーと呼ばれる開発業者に時価評価額で売却し、その土地上に業者がビルを建設する。そして、できあがったビルのうち、土地代金に相当する床面積を地主が買戻す。すると結果的には等価の交換ということになり、地主には、取得する床面積の比率に応じた土地の共有持分が戻ってくる。つまり、地主が業者に売る土地の持分と、業者から買う建物の床面積を等価で交換することになるのである。そして、ビルができ上がったときには、土地を提供した地主と建物を建てた業者が共同してビルを所有する姿になる。従って、地主は土地の一部（持分）を提供さえすれば、ただでビルを建ててもらって、その一部を所有することになる。このシステムには、税法上の特典があるので、広く普及している。
　では、この場合、地主はどれだけの床面積を取得できるのであろうか。それは、通常は次のとおり計算されている。まず、土地の価格を算出する。これを仮に５億円とする。次に買戻し価格の坪当たり単価を出す。この価格は、ふつう業者が一般分譲する価格から販売経費などを引いた価格である。これを仮に坪当たり400万円とする。この土地の価額と買戻し価格（坪当たり単価）の数字から、地主が取得する床面積を計算する。この計算は単純で、土地の価格を買戻し価格（坪当たり単価）で割ればよいのである。この例によれば５億円割る400万円、すなわち、125坪である。そしてこの一連の計算の後に、地主の収入はいくらになりますよ、というおまけの計算がついている。仮に125坪を、坪当たり２万円で人に貸せば、月収250万円になります、万一、２割の空室がでても月収200万円にはなりますよ、と言って、業者は地主にこの等価交換方式の有利な点を強調するのである。
　しかし、この等価交換方式で等価交換した後で、地主には随分得をした

と思う人もいれば、損をしたと思う人もいる。

　Sに甲開発が示した床面積の広さは、これと全く同じ方法で計算した数字である。また、Sの場合は、隣接しているB地、C地を甲開発が所有しており、その土地の関係でも共同ビルになるので、共同ビルと等価交換がドッキングした形になっている。この点に特徴のあるケースであるが、この形態は、世の中一般にかなり普及しているパターンである。ところで、等価交換という取引は、何度も言うようにたいへん広く普及している。そしてその契約締結に至るまでの実務は、ほとんど開発業者がやっていて、その基本的な計算方式に弁護士が口を出すチャンスは少ない。業者と地主が、何とかかんとか話をまとめあげてしまうのである。また、契約締結以前に、業者が地主に対して、床面積は何坪にせよとか、地主が業者に対して、床面積を何坪よこせ、ということを裁判所に訴え出ることはできない。等価交換をするか否か、地主のものとなる床面積を何坪にするか、ということは当事者の自由であるから、契約締結以前の段階では、裁判所に訴訟を出すまでの請求権にはなっていないのである。しかし、地主が取得する床面積を何坪にするかということは、等価交換をするときの最も重要なポイントである。地主は業者にできるだけ大きく請求したいであろうし、業者はできるだけ小さくしぼりたいだろう。そういう意味で、裁判所に訴えを出せる請求権ではないが、現実に相手方に請求するという意味では、立派な請求権なのである。

　それでは、なぜ地主が損をすると感じるのであろうか。それは、ケースにもよるが、等価交換をすることによって生じる付加価値（ここでは、等価交換方式で事業を遂行した結果増加する価値を「付加価値」という）を、業者があらかた持って行ってしまうからである。先ほどあげた等価交換方式の計算は、ともすれば付加価値を業者が取ってしまう結果になるのである。このことをうすうす感じとって、地主は損をすると思うのである。したがって、業者が付加価値を渡すまい渡すまいとすると、せっかくの話が毀れてしまうのである。

　一方、業者の足もとを見る地主もいる。Sのような例の場合には、業者がA地を欲しくてしようがないことが、ありありとよく分かる。そこで、

このような場合には、地主は足もとを見て、過大な要求をふっかけることが多い。これは、言い方をかえれば、地主が付加価値を全部取りあげようとすることに他ならない。これでは業者としては採算が取れなくなって諦めざるを得ない。

つまり、私に言わせれば、付加価値の攻防をめぐって、わけもわからず殴り合いをするのである。しかも、この争いは、裁判所には持ち出せない。私が「わけもわからず」と言っているのは、付加価値をめぐって争っているのだという自覚なしに、互いに自分の利害だけを主張し、相手方を責めるという意味である。そして、そのためにせっかくのよい話がこわれてしまって、成約に至らないというケースもたくさんあるのである。つまり、等価交換の場合、付加価値を予め正確に計量していないことが、取引上のネックになっているのである。地主と業者が、付加価値を正しく把握していれば、この等価交換方式は、実によく見えてきて、円滑に話が進むはずである。そして、取引上のネックは解決し、等価交換方式はもっと普及するはずである。

私はかねがね等価交換方式について、このように考えていた。そして、Sがこの相談に見えたときに、詳しくこの私の考えを説明した。

「つまり、付加価値をきちんと計算して、きれいに分け合えばいいのですよ」

「なるほど、それなら損をしたという気持ちにならないかもしれませんね。お委せしますよ」

「では、甲開発に、弁護士に委任した、その弁護士が返事をするからそれまで待ってほしい、と言っておいてください」

等価交換方式は、いわゆるディベロッパーといわれる開発業者がそのシステムを開発し、広く普及させている仕事である。しかし、私のところにきた以上は新しい方式でやってみよう。この地形を見れば、A地、B地、C地にそれぞれ別々のビルを建設するよりも、全体に１つのビルを建設する方が経済的に有利であることは、明白である。まず、別々に建設するよりも、建築費が節約できる。たとえば、エレベーターひとつをとってみても、別々のビルだとそれぞれ１基合計３基必要だが、全体を１つのビルに

すると1基か2基ですむ。外壁、柱などの無駄もなくなる。それに共用部分は全体として少なくなる。また、容積率も、別々に建設した場合の容積率の合計よりも、全体を1つのビルにした場合の容積率の方が大きくなるはずである。そうすると収益性も全体として高くなる。さらに、A地、B地、C地にそれぞれペンシルビルが建つよりも、全体に1つの大きなビルを建築する方が見ばえもよく、都市の景観としても望ましいであろう。すなわち、A地、B地、C地に、それぞれ他の土地が加わるだけで、大きなメリットがあるのである。とくにC地は、A地、B地に加わることによって容積率がはねあがり、メリットが大きい。このようにA地、B地、C地は、合体することによって互いに助けあい、大きな付加価値を生み出すのである。そこでまず、この付加価値が、どの程度のものかを計算する必要がある。

私は一級建築士に依頼して、A地に単独でビルを建設する場合、B地に単独でビルを建設する場合、C地に単独でビルを建設する場合、A地、B地、C地全体に1つのビルを建設する場合の4通りの設計図を作成してもらった。そして、その図面に基づいて、それぞれの建築費と、階層別の専用床面積（区分所有権の目的となる建物の部分を法律上は「専有部分」というが、ここでは設計上の面積の意味を含めて、共用部分、附属物、附属建物を除く部分の面積を「専用床面積」という）を算出していただいた。

その結果、全体に1つのビルを建設する場合の方が、A地、B地、C地にそれぞれ単独でビルを建設する場合よりも約1.5倍の専用床面積をとれることが分かった。つまり、全体として5割の付加価値がついたのである。その主な理由は、C地は前面道路の関係で容積率が480パーセントであるが、C地をA地にくっつけると、容積率が700パーセントになるという点にある。その他共用部分が節約できることなどによって、全体に専用床面積が増えている。

また、建築費は、全体に1つのビルを建築する方が容積率がふえる分だけ高くなるが、コストが安くなるので、専用床面積で割ると割安になっている。

そこで、私は、次のような算定をした。

まず、専用床面積の増加分を算出する。これは、全体に１つのビルを建設する場合の専用床面積から、A地、B地、C地にそれぞれ単独にビルを建設する場合の合計専用床面積を引けばよい。次に増加した専用床面積をA地、B地、C地に配分する。これはA地、B地、C地の価値を比率で表し、加重平均すれば出てくる。そして、A地、B地、C地にそれぞれ単独にビルを建設する場合の専用床面積に、それぞれ配分された専用床面積を加える。そうすると、A地、B地、C地の所有者が、全体に１つのビルを建設するときに本来取得すべき専用床面積が出てくる。つまり、ここまでの計算で、それぞれが単独にビルを建設する場合の専用床面積に付加価値分を加えたものが算出されるのである。次に、Sが等価交換をするときに取得すべき床面積の計算をする。この面積をX坪とすれば、次の式がたつ。

　　坪当たり建築費×X＝土地持分価格込の坪当たり建物価格×（本来取得すべき専用床面積−X）

　この式を解いてXを出せばよい。ここで出てきたXの値が、Sが等価交換の結果取得すべき建物の床面積である。このようにして得た数字は、付加価値が加わっているから、当然、甲開発が提示した坪数より多くなる。Sの場合は、約６割増になった。

　それでは、Sだけが得をするのであろうか。私は、検算をしてみた。

　検算は、A地、B地、C地それぞれ単独にビルを建設する場合の収益と、全体に１つのビルを建設しかつ等価交換をした場合の収益を計算し、Sと甲開発が、それぞれどれだけの増収になるかを算出してみた。これは、支出すべき工事費、収入となる建築保証金と家賃、建物の償却年数、中間利息という数字を置けば、簡単に出てくる。こうして、A地、B地、C地それぞれに単独にビルを建設する場合の収益と全体に１つのビルを建設して等価交換する場合の収益が算出された。その結果、全体に１つのビルを建設して等価交換すると、A地の所有者であるSも、B地、C地の所有者である甲開発も、約２倍の収益があがることが分かり、付加価値の配分が公平であることが判明した。

　以上の計算は、言葉でいえばややこしいようであるが、数字を置いて算式を書けばそれほど難しいものではない。しかし、このように計算してみ

れば、全体に1つのビルを建設することによって生じる付加価値の大きさが分かり、また公平に分け合う方法も一目瞭然となる。

私は、以上のような算定をして、まずSと打ち合わせをした。

「そんなに付加価値が出るものですかね」

「甲開発にも付加価値がつくので、理屈では文句はないはずですよ。しかし、相手のある話ですから、計算どおりにはいかないでしょうね。企業努力を認めろなどと言うと思います。したがって、何らかの政策的配慮でここから引くことはあり得ると考えてください」

「分かりました。お委せしますよ」

それから甲開発に電話をした。事務所に来たのは、専務と担当次長である。

「Sさんが等価交換でいやだといわれるのなら、私どもは諦めてもいいのですよ。この土地から撤退して、ここは代替用地にすることも検討しているのです」と専務が言う。

等価交換が成約に至らなければ、甲開発は撤退せざるを得ないだろう。それはそうであろうが、甲開発が簡単に諦めるはずはない。ここであわててはいけない。

「しかし、一般的にみれば、共同で大きなビルを建設する方が社会経済上望ましいことでしょう。私もそのことは分かっているつもりです」

まだ等価交換に応ずると言うのは早い。一般論で小当たりにあたってみるだけでよい。

すると専務は突っ込んできた。

「等価交換でよいなら、以前に提案した数字でやってくださいよ。どこでもやっている計算方法ですから。Sさんは多額な月収が保証されますよ」と古典的なことを言う。弁護士が出てくれば、とかくややこしい話になるのではないかと警戒しているのであろう。雰囲気がぎくしゃくしてきた。これではいけない。

「専務さん。私は不必要な争いは極力さけたいと思っているのです。また、余計なかけ引きをする必要もないと思います。しかし、等価交換の話が、話合いの途中でお互いに不信感を持って、毀れてしまうことがどれだけ多

いかご存知でしょう。お互いにメリットがある話であるにもかかわらず、まとまらなくなってしまうのです。それはなぜでしょうか。共同ビルを建てることによって生ずる付加価値の取り合いをするからですよ。しかも、醜い奪い合い、腹のさぐり合いです。そして、最後は疲れ切って〝やめた〟ということになってしまうのです。私はそういうことはしません。私のやり方は、仲よく、きれいに付加価値を分け合うのです。この基本方針に賛成していただければ、等価交換に応じます。私が算出した算定方式を、どうぞよくご覧ください」

そう言って、私は、先程述べた方法で計算した書類を専務に渡し、計算の出し方を詳しく説明した。

専務は暫く沈黙。

「いかがですか。おたくは大手のディベロッパーとして、これまで開発に何千億円も投資したでしょう。この方式をとったことがありますか」

「いや、ありませんね。初めてです」

専務はまだ沈黙のまま数字を読んでいる。

「しかし、これは事業をする方の負担が配慮されていませんね。甲開発は、資金を調達してビルを建てなければいけないのですよ」

さすがに鋭い。

「その点は考慮しなければならないでしょうね。しかしそのようないろいろな政策的配慮は、おたくが図面を引いて、Ｓさんがビルのどの部分を取得するということを決定する段階で、具体的に折込んでいくのはいかがでしょうか。私も、この計算が絶対だとは思っていません。ただ、付加価値を分け合おうという基本的な考えを理解してほしいのです。そのためには、レントゲン写真があった方がよいでしょう。だからこのように試算をしてみたのです。抵抗を感じますか」

「抵抗は感じませんよ。しかし、この計算は、われわれディベロッパーが先にやらなければいけなかったのでしょうな。弁護士に先にやられるなんて」

その後、何度も折衝を重ね、Ｓと甲開発は等価交換の契約を締結した。私の算式は、そのまま使われたわけではないが、結果的には、Ｓが取得し

た建物の床面積は、甲開発の最初の案の3.5割増ぐらいになったので、私は、この計算方式が役に立ったと思っている。そして、甲開発と終始仲よく話をすすめることができたのも、この計算方式のおかげだろう。

　私の計算方式は、言われてみれば当然のことであって、何でもないことだと思う。それほど難しい算式ではないので、誰が思いついても不思議ではない。それで、これが使われているかどうか、甲開発の専務に聞いてみたのだ。しかし、大手ディベロッパーの甲開発の担当専務が「見たことがない」と言うのであるから、あるいは私の発明かもしれない。

　等価交換方式の場合、いくつかのパターンを類型化することによって、私の算式をそのまま使ったり、応用したりすることができると思う。そして、私の算式を使うことによって、等価交換に伴うトラブルが減少し、取引が円滑に行なわれれば、もって瞑すべしである。

　和解による解決は当事者双方の利害を全部満足させることができないのが普通であるが、ケースによっては、ウィン・ウィンの和解も可能である。

ウィン・ウィンの和解の可能性を模索して、できるという確信が持てれば果敢に試みること

　この姿勢は維持しておきたい。

7…事件の核心をつかむ

核心はできるだけ早く的確につかむ

　和解をやり遂げるためには、人の話を聞いたり、言葉を届けたり、情報を収集したり、利害を計量したりしながら、トラブルや紛争の核心をつかむことが必要である。

　前にも述べたように、紛争が事件としての形を備えてくるようになると、必ずと言ってよいほど当事者双方の利害が衝突し、激しく燃えているところがある。

それをできるだけ早く、的確に探り当てることが肝要である。
「アッ、ここに癌がある！」——これが発見できれば、あとはそれを取るだけでよいということになる。
そこで、1つの短い例を紹介しよう。

素早く解決した事例

小学校の同級生が突然私の事務所にやってきた。性格は粗野だが、単純明快で気風がよいことは、はじめから分かっている。
「原因？　いつものうどん屋とちがう店からうどんを買ってきやがったから俺がどなりつけた。すると女房の野郎！　そのまま出て行きやがった」
「いつから？　3か月前だよ。それからウンともスンとも言ってこない。俺も何も言わないけどね。あんまりしゃくだから別れてやりたい」
「しゃくだから別れるのか？」
「そうだよ、他にないじゃないか」
「それぐらい頑張ればもういいんじゃないか？」
「頑張っているのはあっちだよ。まあ俺もガンコだけどね」
「じゃあ、帰ってくればいいんだな？」
「まあね。謝ればね」
私はすぐに奥さんに電話をかけた。待ってましたとばかりのすごい迫力。
「うどん、うどんといつもの大騒ぎ。おじいさんと2人で大のおとなが醤油が多すぎるとか、麺が堅いとか……」
と言っているよ、と言ったら……
「ウン、おやじも俺も上州の生まれで、うどんにはちょっとうるさいんだ」
「それに大声でどなるし……」
「俺は声はでかいけど暴力はやらないよ」
しかし、もう答えは出ているのだ。
「奥さん、言いたいことはたくさんあるでしょうが、とにかく早くお帰りなさい。彼は帰ってきてほしくてたまらないのですよ」
「えっ」
「何でもよいから、今日お帰りなさい」

「何で急に？」
「急だからいいのですよ。今日お帰りなさい」
「本人が帰ってきてほしいと言っているのですか」
「そんなことを言う男ではないでしょう。私が勝手に言っているだけですよ。彼はここに座っているだけですよ。ただ私が言うことを止めもしませんがね」
「……」

その日の夜中は、3度ほど電話で起こされて寝られなかった。奥さんの弟が条件をつけろと言い出したからである。しかし私は、無条件だから値打ちがある、無条件だから彼の喜びが大きいのだと説明した。そして、とうとう明け方に、その弟が車で奥さんを送り届けて、一件落着。

ところで、このケースの激しく燃えているところ、すなわち「癌」は何だろうか。

それは簡単だ。「意地」の2文字。

それを、どこで発見したのだろうか。──それは、「あんまりしゃくだから別れてやりたい」のところ。

癌が発見できれば、あとは取るだけである。では、どうやったらうまく癌を取れるのだろうか。そこでアイデアが必要である。私のアイデアは、「奥さんが即刻、無条件で家に帰ること」だった。

だとすれば、治療の開始は早い方がよい。奥さんに電話をするために、私が受話器を手に取ったところから治療がはじまった。

医師の医療にたとえれば、事件の核心をつかむところまでで正しい診断がついたということになる。そこから先は治療の方法ということになる。

紛争には必ず相手方がいる。相手方がいるから、こちらがいくら努力しても、相手方が乗ってこなければ、そこでおしまいになってしまう。まして訴訟を出すのではなくて、和解によって解決するときには、裁判外で相手方を乗せなければならない。だから、少し特殊な方法を開発しておく必要がある。つまり、「これは訴訟をしないで、和解によって解決した方がよいな」というコンセンサスを獲得することが大切なのである。したがっ

て、癌を取るように、一気に解決する方が魅力的だし、また感動的だから、そのためにはどうしたらよいか、そこにいくつかの工夫が必要になるわけである。

 紛争を解決するための工夫を、あれこれ楽しんですること

こういうことも心がけておきたい。

8…感動的な方法

和解をするならば、できることなら感動的な方法でやり遂げたいものだ。そこで、感動的な方法をいくつかあげておきたいと思う。

日頃から事件解決の新手を考える

その1は、事件解決の新手を考え、それを使うことである。

新手の例としては、前に述べた土地の交換（103頁〜105頁）や補償金の配分（114頁〜119頁）や等価交換（170頁〜178頁）のケースがある。これらのケースでは、新手を披露した直後からは、感動の連続であった。

「新手を考える」という意味は、実際の紛争の最中に何かよい方法がないかと考えているうちに新手を発見することと、常日頃世の中で起っている紛争に接したとき、自分だったらどのように解決するかとあれこれ考えた末に、自分ならこう解決するという新しい方法を編み出し、それをあたためておくこと、という両方の方法を指す。ちょうど棋士が棋戦の最中に新手を発見したり、日頃の研究中に新手を編み出したりすることと似ている。

ノウハウを蓄積する

その2は、ノウハウを蓄積することである。

例えば、土地の売買にからんでトラブルが発生したとしよう。そのよう

なときには、和解に備えて、いろいろな関連の法規などを調べてノウハウとして蓄積しておく必要がある。すなわち、建ぺい率、容積率、道路斜線、和解に伴う税金等について建築基準法や条例などを調べておけば、和解をスムーズに進行させることができる。ときには、古都における歴史的風土の保存に関する特別措置法（古都保存法）とか、埋蔵文化財に対する文化財保護条例などというものまで調べておく必要がある。それらのことは、訴訟では単なる事情として扱われて中心的な問題にはならないが、和解による解決となると、これを落としていたら大変なことになる。

このような知識の集積がノウハウになり、それを持っていることが、当事者に対して強い説得力を持つことがある。

アイデアをあたためる

その3は、卓抜なアイデアを出すことがあげられる。

そのコツは、法律上の要件事実にとらわれないことである。例えば、義兄（亡夫の兄）の土地に建物を建てさせてもらっているクライアントが、義兄から相続対策として屋敷の全部を売りたいので明渡しをしてほしいと要求されたケースがあった。これを法律の定める要件事実のうえで争うとすれば、使用貸借の返還時期が到来したか否か、使用収益の目的が終わったか否か、というあたりが問題になって、判例も分かれるところである。しかし私は、クライアントの代理人として、義兄がクライアントのためにマンションを買い、クライアントがそのマンションを無償で借りる、義兄がクライアントにそのマンションを死因贈与する、そのための仮登記もする、というアイデアを出した。そして、双方がこれに合意して気持ちよく和解した。

あの手この手の知恵を絞って卓抜なアイデアを出すと、相手方もそのアイデアに乗ってきて、ときには感動的な解決に到達することができる。

以上をまとめると、こうなるだろう。

日頃から、新手を考えたり、ノウハウを蓄積したり、卓抜なアイデアをあたためておいて、感動的な和解をすることを心がけること

9…よい解決案を発見する

　ところで、新手を考えたり、ノウハウを蓄積したり、卓抜なアイデアを出したりすることは、結局何を目指しているかと言えば、それは、「よい解決案」ということになる。古今東西、和解のエッセンス、すなわち、和解の核は、よい解決案に他ならない。したがって、具体的で分かりやすい解決案をつくることが、和解の核心的な方法である。これが出せなければ、和解をやり遂げることはできない。つまり、よい解決案を出すことこそ、和解の核心中の核心と言うべきである。

和解の核心はよい解決案であるということを肝に銘じておくこと

　これによって、和解をやり遂げる道はゴールに到達する。
　前に述べたことであるが、どんな複雑な事件でも、解決は簡潔なものになる。このことは大切なことであるから、重ねて述べさせていただくことにする。そしてこのことは、実際に紛争解決をした経験がある人ならば、誰でも体験していることだと思う。すなわち、結論が簡潔であればあるほど、成功率が高いと言える。生命を脅かしていた癌でも、取り出してしまえば掌に乗るほどの大きさである。それと同じように、血眼になって争っていた複雑な事件も、解決してしまえば、１枚の和解契約書になるはずである。このことを見据えて、すなわち頂上の一点を睨んで、ひたすら具体的で分かりやすい解決案を探し当てること、そして紛争を紛争でないものにするのが和解の真骨頂である。

第4章　和解を成功させる方法

よい解決案の探し方

　では、どのようにすればよい解決案を発見できるのだろうか。
　頂上がはじめから見えているケース、すなわち、解決の目標がはっきりしている紛争もあるが、頂上が見えていないケースも少なくない。そういうときには、そのケースに最もふさわしい解決案があるはずだと信じて、その頂上の一点を探し当てなければならない。そのためには、人から聞いた話、人に言葉を届けたときの反応、収集した情報、当事者双方の利害、使用すべき紛争解決規範等々を点検し、補強し、調査して、何としてでも探し当てようと諦めずにねばり抜くことである。
　解決案が発見できれば、次にはそこに到達する方法を編み出さなければならない。現実の解決という頂上に到達するためにもまた、人から聞いた話、人に言葉を届けたときの反応、当事者双方の利害、使用すべき紛争解決規範等々を吟味し、あれこれの新手、蓄積したノウハウ、卓抜なアイデア等々の手段を点検し、あるいは補強し、ありとあらゆる方法で活路を開いてゆくことが必要である。
　解決案を発見し、その解決に到達する道筋が見えてくれば、あとはそこに誘導すればよい。ちょうど飛行機が滑走路に着陸するように、スウーと滑り込むのがコツである。そのためには、適切な言葉を使って当事者を案内すればよい。ここまでくれば、自然流で無事に解決できる。

　以上が私の考えている和解をやり遂げる方法である。単なる技術論とはひと味違うものだと気づいていただければ幸甚である。
　とは言え、私も、いつもうまくゆくわけではない。ときどき四苦八苦して往生する事件にぶつかる。しかしそれでも、これらの方法を思い起こして和解に当ると、何とかよい解決に辿りつくことができる。

1　ミヒャエル・エンデ著・大島かおり訳『モモ』(岩波書店・1976年) 20頁〜29頁

5章 弁護士は誰のために、何のために仕事をするのか

1 弁護士の立ち位置

当事者の半歩先を行く

　これまでの和解のコツ❶～㊴だけを見れば、いかにも弁護士が主導して和解をするものだと考えられてしまうかもしれない。

　しかし、弁護士は当事者とは違う。あくまでも、和解の主体は当事者であって、弁護士は単なる「助っ人」に過ぎない。したがって、弁護士は当事者の利害や意見に回帰し、フィードバックを繰り返し行いながら、和解案を煮つめ、最終的な和解成立にこぎつけるものだと心得ておく必要がある。

　とは言うものの、当事者はプロとしての見識と技量を弁護士に期待している。その期待にこたえるためには、プロとしての知力と腕前が必要である。その知力と腕前をさりげなく当事者に示しながら、弁護士の提案に納得してもらう必要がある。それができなければ、和解の成立に辿り着くことはおぼつかない。その弁護士の立ち位置をわきまえながら、和解案を煮詰めてゆくことが大切である。

　これは当然のことのように思われるかもしれないが、案外難しいことである。なぜならば、近頃の当事者は、弁護士のところに行く前にインターネットなどで調べて相当の法律知識を持っているからである。その法律知識に基づいて正しい解釈をしていれば大変よいことであるが、自分が有利になるように勝手に解釈する当事者が少なくない。当事者にまったく法律知識がないことに乗じて弁護士が都合のよいようなことをするのはもってのほかであるが、当事者の誤った法律解釈に手を焼いて弁護士が高圧的になることもよいことではない。

　こういうときには、辛抱強く弁護士のやり方を理解してもらう心構えが

大切だと思う。私は、クライアントの半歩先を行くような気持ちで、和解の方向に誘導することにしている。ここで大切なのは、たとえ半歩であってもクライアントの先を行くことである。クライアントに後れをとっていたのでは信用されないし、弁護士の言うことを理解してもらうことさえできない。そういう関係になってしまったら、もはや和解はおぼつかない。弁護士は素人と違って専門家であるという自覚を持って、少し前を歩みつつ足元に光を当てながら当事者を誘導しなければならない。

　そして、その半歩の差に中に、当事者が気がつかないような卓越した知識と見識とアイデアを盛り込むことが必要である。これがクライアントから報酬をもらって働くプロの仕事である。したがって、まことに難しいことであるが、次のことを頭に置いておきたい。

弁護士は当事者の助っ人であるが、プロとしての見識と技量を示しつつ当事者を和解に誘導すること

2 世のため人のため、自分のため

世のため人のため

　弁護士法第1条には、弁護士は基本的人権を擁護し、社会正義を実現することを使命とするとある。この言葉は、最近は耳にすることは少なくなったが、ひと昔前は、弁護士になったときや、独立して事務所を開設するときに出す挨拶状によく引用されたものである。

　では、なぜ引用されることが少なくなったのであろうか。それは、基本的人権の擁護とか社会正義の実現という言葉が、大時代的であまりにも重いという印象があるからだろうか。軽薄短小という現代のトレンドに合わないと思われているのだろうか。

　しかし、基本的人権の擁護を「人のため」、社会正義を「世のため」と置き換えて順序を入れ替えれば、「世のため、人のため」ということになり、これならば、あらかたの弁護士の気持ちにフィットするだろう。

　そこでまず、「人のため」について考えてみよう。

　弁護士は、代理人として本人のために働く職業であるから、「人のため」は当然である。人のために働く気のない弁護士は、そもそもいるはずはないことになる。しかし、ここでいう「人のため」は、特定のクライアントのためというよりも、普遍的な意味合いがあると言うべきであろう。そうすると、「世のため」という言葉に近いものになる。そこで、「世のため」に着目しなければならない。

　弁護士は、「法」の専門家として、その「法」を現実に扱う職業である。国家権力の枠組みを、立法権の国会、行政権の行政、司法権の裁判所に分ければ、権力は持たないものの司法権の発動を促す仕事である。したがって、個々の事件の代理人として、裁判所の司法権の発動に誤りのないよう

活動しなければならない。これは、社会という身体の中の毛細血管に血液を送り込むような仕事である。

このような見方をすると、弁護士が訴訟代理人として訴えを提起したり、応訴したりすることが、「世のため」に繋がっていることは理解できる。

しかしそれでは、弁護士が和解をするときには、司法権の発動を促すわけではないので、「世のため」に仕事をするということにはならないのだろうか。

前に述べたように、弁護士は、和解をするときにも、成文法をはじめさまざまな紛争解決規範を使って紛争の解決をはかる。そして、和解をすることによって、社会の中の紛争を解消し、人々の生活や企業活動を安定したところに落ちつかせる。こうしてみると、個々の事件の解決をみればささやかなものではあるが、身体の中の毛細血管に血液を送り込むような仕事という意味では、「世のため」になるはずである。

自分のため

しかし、弁護士の使命を「世のため、人のため」と言うのは、いささかきれいごとに過ぎるのではないだろうか、と思う人も少なくないだろう。少しひねって考える人ならば、うさん臭さがあると言うのではないだろうか。

なぜ、弁護士が「世のため、人のため」と公言したときに、そのような負のイメージがついてくるのだろうか。

それは、弁護士は誰のために、何のために仕事をするのかという問いの答えとしては、重要なものを落としているからである。

率直に言えば、弁護士は、自分のために仕事をするのである。もっと具体的に言えば、自分の糧を得るために仕事をするのである。平たく言えば、食うために仕事をするのである。

もちろん、弁護士は食うためだけに仕事をするわけではない。前に述べたように、世のため人のために仕事をするのである。しかし、世のため人のために仕事をしているのだと嘯いて、あたかも霞を食って生きているようなことを装うならば、そこに大きな欺瞞があることになる。

ひと昔前にはそのような弁護士がかなりいたが、弁護士をとりまく経済的環境が厳しいことが人々に知られてきたので、さすがにそのような弁護士は少なくなった。このことを裏返して言うならば、弁護士がどうやって自分の糧を得るかということが深刻になってきたということをあらわしているのではないだろうか。
　ここで考えておかなければならないのは、和解をすることが、自分のため、すなわち、自分の糧を得るためになるのかということである。すなわち、和解のコツを身につけることが、自分が食べてゆくために必要なことなのだろうかという問題である。

弁護士の仕事に占める和解の割合

　そこで、弁護士の仕事の中で、和解がどの程度のシェアを占めるかを考えてみよう。これは、弁護士によってさまざまであるので、答えを出すことは難しいが、一般的なあり方として、ざっと見ておくことにしたい。
　ここで言う「和解」とは、とくに断りがないときには、裁判外の相対交渉による和解だけでなく、裁判所やさまざまなADR（裁判外紛争解決機関）で行われる調停、仲裁機関で行われる和解、訴訟上の和解のすべてを含むことにする。
　そこでまず、訴訟上の和解を見ておこう。
　前にも述べたように、かつては裁判所内部に「和解判事となるなかれ」という箴言があったが、現在では裁判官の間でも和解のよさが理解されていて、むしろ和解派が主流の位置を占めていると言ってよいだろう。司法統計年報（2015年）によると、地裁通常訴訟既済事件のうち欠席裁判を除けば、判決で終結する事件が3万8376件であるのに対し、裁判上の和解で終結する事件は5万692件である。すなわち、判決よりも和解がはるかに上廻っているのである。
　したがって、弁護士が訴訟代理人として訴訟をしても、和解手続に移行して和解をする頻度が高くなっている。このことからすれば、弁護士に和解のスキルがなければ仕事にならないことになる。
　仲裁機関において仲裁をする場合でも、ほぼ同様と考えてよい。

地方裁判所や家庭裁判所で行われる調停、さまざまなADRで行われる調停は、終始和解をしているのであるから、ここでも和解のスキルは必須である。

　相対交渉による和解は、間に第三者の調停人、仲裁人が入っていないところに違いがあるが、それだけに相手方と直接渡り合わなければならないので、いっそう高い和解のスキルが要求される。

　こうして見ると、弁護士の仕事の中で訴訟を追行する仕事は、限られた部分に過ぎず、和解の仕事が圧倒的とは言わないまでも、それに近いシェアを占めていることが分かる。

　弁護士は、その仕事に対する対価としての報酬を糧としているのであるから、和解ができない弁護士は、経済的に大変になるだろう。そうでないとしても、和解をすれば、さらに経済的に楽になるだろう。

　したがって、弁護士が和解のコツを身につけることは、世のため人のためではあるが、何よりも自分のためなのである。

3 共有物分割請求事件の後日譚

　弁護士は、世のため人のため、そして自分のために仕事をする。それならば、和解が一番いい。「世のため」と「人のため」と「自分のため」とは、ときにはジレンマに陥るが、和解ならばジレンマに陥る確率は少なく、またジレンマを解消しやすい。
　世のため、人のため、そして自分のためになれば一番いいという事例として、冒頭の共有物分割請求事件のその後を見ておきたい。

　共有物分割請求事件を解決した後に私のクライアントである妹が、Y地の分割後に土地を売却することになって、測量図をつくる必要が生じたので、姉に印鑑を押してもらいに姉が入院している病院に行ったことは、前に述べたとおりである。
　共有物分割請求事件が調停の成立によって解決したあとは、姉と妹は、元のような普通の間柄に戻った。
　この姉妹は、趣味も性格も異なっていた。姉は、知性的で、趣味はクラシック音楽を聴くことだった。妹はその姉に誘われて、上野の東京文化会館にオペラを聴きに行ったことがあるという。しかしそれは、遠い昔のことであった。姉は、交際範囲も広くなく、日常は家にこもって読書をしているインテリであった。
　一方の妹は、快活で活動的な女性で、草木染めやお茶などさまざまな趣味を持っていた。したがって、さかんに外出して、趣味を共にする多くの友人と楽しく暮らしていた。
　したがって、この2人は、趣味も性格も違うので、もともとべたべたとした仲のよい姉妹ではなく、淡白な間柄だった。共有物分割請求事件が解

決したあとで元の間柄に戻ったということは、争いの状態が解消して、元の淡白な関係に回復したということである。

その測量図ができた直後に、妹は、共有物分割によって取得したY地の東側角地を売却した。地価暴騰によるいわゆるバブルが終わりそうな時期であったが、まだバブルが崩壊してなかったので、妹が一生使い切れないようなお金が入った。

入院生活を続けていた姉も、現金が必要になったとかで、共有物分割で取得したY地の西側の土地を、妹が売却したのと同じ買主に売却した。そのときには、バブルが崩壊して地価は下落していたが、姉が入院生活を続けるには十分なお金が入ったはずである。このことによって、姉は、共有物分割をしておいたこと、測量図に捺印してY地を売却できる状態にしておいたことに満足していたと思われる。

姉は、病気が快復することなく、入院のまま病院で亡くなった。その前に公正証書による遺言書を作成していたが、その内容は、遺産の大部分を弟に相続させるというものであった。しかし、その遺言書には、前出の最終分割図（K地）のⒶ２地を妹に相続させると書いてあった。それを聞いた妹は、

「あら、私にもくれるの。私はいらないわ」

ということで、最終分割図（K地）のⒶ２地は、妹が放棄をして弟のものになったが、姉の遺言書にⒶ２地を相続させると書いてあったことには、気をよくしたようであった。

ところで、共有物分割請求事件の調停調書によれば、K地上の屋敷を２分割して、その一部あるいは全部を取り壊すことができることになっていた。そして、妹は、一部でも取り壊して、そこに自宅を建てる予定であった。しかし、Y地が売れてお金が入ったら、屋敷を取り壊す意欲がなくなってしまった。ちょうど近所に手ごろな土地が売り出されたので、その土地を買って、そこに中庭のある素敵な家を建てた。そして妹は、新居に移転し、快適で楽しい生活をすることになった。

それでも、Y地を売却した代金は、相当残っていた。その他に、共有物分割請求事件の結果で取得した最終分割図（K地）のⒷ地、Ⓑ２地がある。

そのうえ、父親から相続した不動産はK地、Y地だけでなく、K市内にあと２つあった。これらの財産は、遺言がなければ、弟や死亡した兄の子たちが相続することになるが、弟や兄は、それぞれ十分な遺産を父親から相続しているので、妹は自分の遺産を弟や兄の子たちに相続させるよりも、世の中のために役立つように使ってほしいと考えるようになった。

　ここまで私は、遺産分割請求事件の延長で「妹」という言葉を使っていたが、姉も亡くなっているのであるし、内容がガラリと変わるので、「妹」のままではどうも書きにくい。そこでこれからは、「Ｉさん」と言わせてもらうことにする。

　Ｉさんは、どこかの福祉施設に遺贈するために遺言書をつくりたいと考えるようになって、私に相談を持ちかけてきた。もともと彼女は、北海道の児童養護施設に匿名で寄付していたことがあり、

　「私、子どもたちの施設がいいな。だって将来があるじゃない。勉強したくても、お金がなければ上の学校にも行けないでしょう」

　という気持ちを強く持っていた。

　そこで、Ｉさんと私は、K市の社会福祉協議会に相談に行った。

　そこで教えていただいたのは、神奈川県内には23の児童養護施設があるが、横浜市と川崎市は大都市だから施設の運営は何とかなるということであった。しかし、その他のところは経済的にたいへんなので、横浜市、川崎市を除く13の児童養護施設に遺贈したらどうかというアドバイスをいただいた。そこで、そのアドバイスに従って遺言書を作成することにした。

　私は、遺言書を作成するにあたって、その13の児童養護施設を訪問し、その施設の歴史や実情を聴くとともに、訪問の趣旨を説明した。訪問の趣旨と言っても、

　「ただ、こういう話ですから、いつになるのか、またいくらになるのか、分からないのです」

　「そんなことはかまわないのです。私たちのことを考えてくださっただけでうれしいのです。で、おいくつですか、その方は」

　「それを明かすことはできないことになっているのです。年齢だけでなく、男性か、女性かも。贈り主に関することは一切しゃべってはいけない

と、くれぐれも釘をさされているのです」

という程度のことしか言えない。

ここから先を書けば1冊の本になってしまう。実際に1冊の本になっているので、関心のある人は、拙著『おへそ曲りの贈り物』（講談社、2007年）を読んでいただきたい。ここでは、結論だけを述べることにして、先を急ごう。

私は、13の児童養護施設を訪問した後で、すぐに遺言書の案を作成し、Ｉさんと一緒に公証人役場に行った。遺言書の署名が終わると、公証人がニコリとしてひと言、

「けっこうな遺言ですね」

と言った。彼女はそれに答えず、ほんの少しだけ得意そうな表情をした。

公正証書遺言書の内容は、晩年の住まいにしていた住居やＫ地、Ｙ地以外の2つの不動産は弟さんの2人の子に、Ｋ地のⒷ2地の土地は弟さんに遺贈することにして、その他のＫ地のⒷの土地とその上の屋敷の一部、預貯金は全部を13の児童養護施設に遺贈する、というものである。また、Ｉさんの特定の子どもにお金が渡るようにという意思に従って、「可能な限り児童の奨学資金、更生資金、グループホームの費用のために優先的に充てること」と書き込んだ。そして、遺言執行者として私が指定された。

その遺言公正証書ができてからも、Ｉさんは、相変わらずＫ市内の街を歩きまわったり、好きなものを食べたり、お気に入りの陶器や家具を買ったりと、気ままな一人暮らしを送っていた。

遺言書を作成してから5年近く経った正月の6日のことである。私が電話をしてもＩさんが出ないので、近くに住む弟さんに電話をして様子を見に行くように依頼した。その夜、弟さんと姪御さんが彼女の家に行き、鍵を開けて中に入ったところ、風呂場で彼女が倒れていて、すでに息はなかった。享年82。

当然のことであるが、私は、ただちに遺言執行を開始した。遺言書では、私がＫ地のⒷを売却するように命じられていたので、売却の手続をしたところ、首尾よく売ることができた。その際に、屋敷の一部は弟さんが姉から相続していたので、弟さんと相談して屋敷を取り壊した。

こうして私は、K地Ⓑの売却代金と預貯金の解約金を預かることになった。そして私は、13の児童養護施設を訪問して遺言の内容を説明し、送金の手続等の打ち合わせをした。遺贈の額は、１つの児童養護施設に2032万8826円、総額で２億6427万4738円になった。遺贈の額を聞いた施設の長の先生方は、当のＩさんが亡くなっているので一瞬複雑な表情をされたが、
「天からいただいたという気持ちがします。ありがとうございます」
「本当にうれしい。びっくりしました。こんなにまとまったお金をいただくことははじめてです」
「児童養護施設がいただく金額としてはけた違いです。ありがたいことです」
などと、彼女に対する感謝の気持ちを言葉にされた。
　その後、私は、あちこちの児童養護施設から、Ｉさんのお金が大学に進学する学生の入学金やグループホームの建設資金の一部として使われたという報告をいただいている。
　こうして共有物分割請求事件における和解の結果は、思わぬ形で世のため人のためになった。
　そして私は、共有物分割請求事件ででも、遺言執行ででも、相当多額な報酬をいただいた。報酬だけでなく、この事件によって人々に喜ばれ、私自身も非常に楽しかった。そして何よりも、弁護士としての生き甲斐になった。すなわち、この事件を和解に導いた「たった２本の線」は、まさしく「自分のため」でもあったということになる。
　弁護士は、世のため人のため、そして自分のために仕事をするが、「世のため」と「人のため」と「自分のため」は相互にジレンマに陥って、弁護士が方針に迷うことがある。それをどのように克服するかは、弁護士としてしばしば大きな問題になり、一つひとつていねいに解決しなければならない。
　そのときに覚えておきたいのは、和解ならばジレンマに陥る確率は少なく、またジレンマを解消しやすいということである。
　世のため人のため、そして自分のためになれば一番いいという事例とし

て、冒頭の共有物分割請求事件のその後を見ておいた。

　和解によって、ここで見たＩさんのケースのように、世のため人のため、自分のためを、ダイナミックな形で実現できることもある。

　このように見てくると、「和解が断然よい！」という序章のところに回帰することになる。

 和解をすることは、世のため人のためであると同時に、何よりも自分のためであるとよくよく肝に銘じておくこと

　こうして、このような最後のコツに到達する。

　これは、和解のコツとは直接関係がないように思われるかもしれないが、このことを肝に銘じておくと、他の和解のコツは自然に身についてくる。したがってこれは、基本的な和解のコツであると言えるだろう。

おわりに

　言うまでもないことであるが、これまで述べた和解のコツは、どんな事件にでも使わなければならないというものではない。事件は、ケースバイケースであるから、そのケースに役に立つコツとそうでないコツがある。すなわち、同じ病気でも、効く薬と効かない薬があるように、事件に適した効果的なコツと効果的でないコツがある。
　ちょうど薬局で薬品箪笥にいろいろな薬を用意しておき、必要に応じて箪笥の引出しから適切な薬を取り出すように、さまざまな和解のコツを用意しておいて、ケースに応じて最も適切なコツを取り出して使えばよい。こうしてみると、薬品箪笥の引出しの数は多い方がよいということが分かるだろう。
　ここで取り上げたのは、いわゆる一般事件で使われる和解のコツである。私は、渉外事件、労働事件はほとんど経験がない。会社法務は多少あるが、弁護士の仕事の中に会社法務が占める割合は非常に少ない。刑事事件は、若いときにはかなりやっていたが、最近20年は1度も刑事弁護人を経験していない。
　したがって私は、一般民事事件を仕事とする俗に言う町弁であり、多少特徴があるとすれば、行政事件、環境訴訟、入会権をしたことぐらいだろうか。そのような事件でも、最後は和解で解決したが、そのときの和解のコツは、一般民事事件のコツと重なるので、事件種類別の仕分けを取り立ててする必要がなく、ここで触れた和解のコツのいくつかを使えばよかった。ということは、この本は、事件種別に特化されるコツではなく、事件種別にかかわらない汎用性のあるコツを書いたことになる。
　たとえば、本書でも何度か取り上げた草野『和解技術論』は、事例としては労働事件の裁判上の和解にほぼ特化したものであるが、労働事件だけでなく、他の民事事件に応用できる和解のコツが多く書かれている。したがって、道筋は逆であるが、汎用性のある和解のコツをまとめるという点では同じだと言ってよいだろう。

訴訟上の和解については、これも本書で取り上げた、後藤・藤田『訴訟上の和解の理論と実務』の第2章「各種事件と和解」に事件種類別の和解が著されている。しかし、裁判外の和解について、事件種別に特化した和解のコツを内容とする著書があるかどうかについては、私は知らない。もしないのだとしたら、『渉外事件の和解のコツ』、『労働事件の和解のコツ』などという著書が出版されることが期待される。

　この本は、若手弁護士の仕事のために参考となる和解のコツを書くようにという趣旨に基づいてまとめたものである。したがって、弁護士に読んでいただくために書いたものであるが、司法書士会、土地家屋調査士会、行政書士会、社会保険労務士会、弁理士会、不動産鑑定士協会などでさまざまなADR機関が設立されたこともあって、司法書士、土地家屋調査士、行政書士、社会保険労務士、弁理士、不動産鑑定士などが紛争解決に携わることが増えてきた。したがって、そのような法律専門職種の先生方や裁判官あるいは企業法務の担当者の方々も参考にしていただければ、まことに幸甚である。

　また、「和解」は、いわば人々が生活するうえでの日常の営為である。したがって、この本で書いた和解のコツは、「生活の知恵」として活用していただければ有難いと思っている。

　この本のベースには、『紛争解決学［新版増補］』（信山社、2006年）、『和解という知恵』（講談社現代新書、2014年）があるが、この本ではじめて冒頭の共有物分割請求事件をまとめ、また、和解のコツという筋を通したので、上記2冊とは別の役割を持ち、また別の印象になっていると思う。

　最後に、企画から刊行にいたるまで、ひとかたならぬお世話をいただいた学陽書房編集部の齋藤岳大氏に厚くお礼を申し上げ、ここに擱筆する。

平成29年1月

廣田尚久

〈著者紹介〉

廣田 尚久（ひろた・たかひさ）

　1938年　平壌市（ピョンヤン）生まれ
　1962年　東京大学法学部卒業　川崎製鉄に入社
　1965年　司法試験合格
　1966年　川崎製鉄を退社し、司法研修所に入所
　1968年　弁護士登録（第一東京弁護士会）
　1993年　九州大学非常勤講師
　2001年　大東文化大学環境創造学部学部長・教授
　2005年　法政大学法科大学院教授
　2006年　廣田尚久紛争解決センター創立

〈主要著作〉

『弁護士の外科的紛争解決法』（自由国民社・1988年）、『和解と正義―民事紛争解決の道しるべ』（自由国民社・1990年）、『不動産賃貸借の危機―土地問題へのもうひとつの視点』（日本経済新聞社・1991年）、『先取り経済　先取り社会―バブルの読み方・経済の見方』（弓立社・1991年）、『紛争解決学』（信山社・1993年）、小説『壊市』（汽声館・1995年）、小説『地雷』（毎日新聞社・1996年）、『上手にトラブルを解決するための和解道』（朝日新聞社・1998年）、小説『デス』（毎日新聞社・1999年）、『紛争解決の最先端』（信山社・1999年）、小説『蘇生』（毎日新聞社・1999年）、『民事調停制度改革論』（信山社・2001年）、ノンフィクション『おへそ曲がりの贈り物』（講談社・2007年）、『紛争解決学講義』（信山社・2010年）、『先取り経済の総決算―1000兆円の国家債務をどうするのか』（信山社・2012年）、『和解という知恵』（講談社現代新書・2014年）

●若手法律家のための和解のコツ

2017年2月22日　初版発行

著　者　　廣田尚久（ひろた たかひさ）
発行者　　佐久間重嘉
発行所　　学陽書房

〒102-0072　東京都千代田区飯田橋1-9-3
営業／電話　03-3261-1111　FAX　03-5211-3300
　　　振替　00170-4-84240
編集／電話　03-3261-1112　FAX　03-5211-3301
http://www.gakuyo.co.jp/

印刷／加藤文明社　製本／東京美術紙工　装丁／佐藤 博
© Takahisa HIROTA, 2017, Printed in Japan
乱丁・落丁本は、送料小社負担にてお取り替えいたします。
定価はカバーに表示しています。

・JCOPY ＜出版者著作権管理機構　委託出版物＞
本書の無断複製は著作権法上での例外を除き禁じられています。複製される場合は、そのつど事前に、出版者著作権管理機構（電話 03-3513-6969、FAX 03-3513-6979、e-mail:info@jcopy.or.jp）の許諾を得てください。

ISBN 978-4-313-31414-6　C3032

和解交渉と条項作成の実務

問題の考え方と実務対応の心構え・技術・留意点

田中 豊 著

定価＝本体3,000円+税　A5判・並製／272頁／ISBN978-4-313-31391-0　C2032

裁判官・弁護士両方の経験に基づく、適正な和解の手法を提示！

法律実務家にとって必要不可欠の能力である和解交渉と和解条項作成の実務を、60のコンパクトなQ＆Aで解説。瑕疵のないより良い和解のため、裁判官と弁護士としての幅広い経験に基づく実務的な提案と、当事者の真意を正確に反映させるための和解条項作成の留意点を解説。

目次
- 第1章　和解の意義・要件・効果
- 第2章　和解の運用
- 第3章　和解交渉の手順と心得
- 第4章　和解条項の体系
- 第5章　和解条項作成のポイント
- 第6章　和解条項に誤りがある場合の措置
- 第7章　事件類型別 モデル文例と留意点

弁護士のための家事事件税務の基本

相続・離婚をめぐる税法実務

馬渕泰至 著

定価＝本体2,100円＋税　A5判並製／160頁／ISBN 978-4-313-31398-9　C3032

家事事件にまつわる課税関係を基礎から解説！

弁護士が意外と知らない、家事事件における税法実務の基礎知識と留意点をやさしく示す。弁護士・税理士双方の視点を持つ著者が、家事事件のシーンごとの課税関係を細やかに解説。豊富な図表とやさしい解説でわかる、基本の書！

目次

第1編　基礎編
第1章　家事事件において税法を把握しておくべき重要性
第2章　各種税目の概要と税率

第2編　実務編
第1章　相続における課税関係
第2章　離婚における課税関係
第3章　税理士との連携方法

若手法律家のための法律相談入門

中村 真 著
定価=本体2,400円+税 A5判・並製／208頁／ISBN978-4-313-51160-6 C2332

相談の現場でうろたえないための、法律相談の入門書！

若手法律家へ向けて、法律相談の流れと留意点をやさしく楽しくイラストを交えて解説。
今日から使えるキラーフレーズや依頼の断り方など、先輩からの口伝でしか学べない知恵が満載。
弁護士・司法書士・司法修習生必読の書。

目次

第1章　法律相談の前に知っておきたいこと
第2章　法律相談の流れ
第3章　法律相談時の留意点
第4章　受任後の相談・依頼者ケア
第5章　依頼を断るとき